도쿄 트렌드 인사이트 2026

도쿄 트렌드 인사이트 2026

정희선 지음

중간이 사라지는 양극화 시대,
새로운 수요를 만드는 아이디어를 찾아라

들어가는 말

"불황형 소비에 다이소만 잘 된다"

"5천 원 넘으면 손 안 가요. 유통가, '불황형 소비' 잡는 초저가 경쟁"

"백화점 매출 명품이 좌우"

"경기 침체 돌파구는 '명품'…럭셔리 사업 강화하는 백화점"

2025년, 언론에 자주 등장한 헤드라인이다.

고물가 저성장 속에서 소비자들은 필수품 외에는 지갑을 닫고 있다. 지출을 하더라도 가성비 높은 제품을 구입한다. 동시에 명품 브랜드의 매출은 꾸준히 상승 중이다. 모순처럼 보이는 이 현상이 동시에 일어나고 있다. 바로 '소비의 양극화'가 진행 중인 것이다.

특히 코로나19 팬데믹 이후 이어진 고물가, 고금리는 소비 양극화를 더욱 심화시켰다. 서민들은 10원을 아끼며 소비하지만 인플레이션의 영향을 덜 받는 자산가들은 소비를 줄이지 않는다. 이러한 현상은 한국과 일본을 넘어 전 세계적으로 목격된다.

최근 일본 유통업계 리더들이 자주 내뱉는 하소연이 있다.

"중산층이 사라지고 있다."

이 목소리가 『도쿄 트렌드 인사이트 2026』 집필의 출발점이 되었다. '도쿄 트렌드 인사이트' 시리즈의 세 번째 책인 이번 권의 핵심 키워드는 '소멸'이다.

잠시 목차를 먼저 살펴보자.

- 양극화: 중간이 사라지다
- 탈세대(脫世代): 세그먼트 대신 취향
- 지방 소멸: 관계 인구를 늘려라
- 1인 가구: 혼자이기를 선택하다
- 인구 감소: 새로운 수요를 만들다

처음에는 중산층의 소멸에 주목했지만, 이 외에도 일본에는 사라져가는 것들이 많이 있다는 사실을 발견할 수 있었다. 지난 10년간 일본 기업들의 고민 또한 '소멸과 감소에 어떻게 대응할 것인가'

라는 질문으로 귀결된다. 중산층이 축소되고, 세대 간 경계는 흐려졌다. 지방 도시는 소멸 위기에 직면했으며, 3~4인 가족 대신 1인 가구가 가장 흔한 형태가 되었다. 마지막으로 시대의 변화와 인구 감소로 인해 규모가 축소되는 산업도 많다.

산업화 이후, 기업들은 '교외에 사는 4인 가족 중산층'을 주요 타깃으로 삼았다. 그러나 지금은 중산층이 줄어들었고, 연령별 마케팅은 더 이상 유효하지 않다. 저가와 고가로 양분된 소비 시장에서 기업은 어떤 제품과 서비스를 만들어야 하는가? 20대와 50대의 취향이 크게 다르지 않은 오늘, 누구를 겨냥해 제품을 기획해야 할 것인가? 한국에서도 중요한 사회적 문제로 떠오른 지방 소멸은 어떻게 해결할 수 있을까? 1인 가구가 대세가 된 지금, 1인 가구를 만족시킬 상품이 시장에 충분히 존재하는가? 그리고 빠르게 변화하는 기술과 라이프스타일로 인해 사라져가는 산업의 기업들은 어떻게 살아남을 수 있을까?

이 책은 '소멸'이라는 키워드를 통해 일본 사회와 소비 시장의 변화를 짚어본다. 동시에 그 속에서 새로운 기회를 찾는 기업들의 움직임을 통해 전략적 힌트를 제시하고자 한다.

1993년 발간된 일본의 경제백서(経済白書)에 따르면, 일본 경제가 버블이었을 때는 많은 이들이 "주변 사람들이 사니까 나도 산다"

라고 말했다. 하지만 지금은 소비 행동이 다양해져 하나의 큰 트렌드가 생기기 어려워졌다. 경제는 저성장 국면에 들어섰고 당분간 높은 경제 성장률을 기대하기 어렵다. 이제 소비자는 매일의 현실 속에서 작은 만족을 추구한다. 그렇다면 이러한 시대의 분위기 속에서 기존의 상품과 서비스의 가치를 어떻게 높일 수 있을까. 그 해답은 '세밀한 관찰'에 있다.

이번 세 번째 책, 특히 1장의 '양극화'와 2장의 '탈세대(脫世代)'에서는 바로 이러한 소비자의 행동을 면밀히 관찰하는 데 주력했다. 앞선 두 권보다 한층 더 현재 소비자의 모습을 정밀하게 비추고자 노력했다. 그리고 이어지는 3장의 '지방 소멸'에서는 활력을 잃어가는 지역을 살리려는 기업들의 노력과 참신한 비즈니스 아이디어로 지역 경제 활성화에 기여하는 벤처기업들의 사례를 담았다. 4장 '1인 가구'에서는 일부러 혼자이길 선택하는 새로운 소비자의 모습과 1인 가구를 위해 등장한 제품과 서비스를 소개한다. 특히 고령 1인 가구를 위한 서비스들은 고령자 대상 비즈니스를 준비하는 분들에게 힌트가 될 것이다. 마지막으로 5장에서는 서점, 은행 등 축소되는 산업에서 나타나는 새로운 시도들을 살펴본다.

필자가 지난 2년에 걸쳐 선보인 『도쿄 트렌드 인사이트』와 『도쿄 트렌드 인사이트 2025』에서는 저성장, 고물가로 인해 실질소득이 감소하고 고령화가 빠르게 진행되는 상황에서 한국 소비자들의 행동을 예측할 힌트를 일본에서 찾고자 했다. '저성장' '고령화' 그리고 소비의 새로운 동력으로 떠오르는 'Z세대'라는 세 가지 키워드 아래 소비자들의 선택을 받은 비즈니스 사례를 집중적으로 살펴보았다.

약 30년간 저성장이 지속되는 와중 꼼꼼해진 일본 소비자들은 어떤 상품과 서비스에 지불할 가치가 있다고 느끼는지, 그리고 여행도 가지 않고, 술도 마시지 않으며 다른 나라의 또래에 비해 돈을 덜 쓰는 일본의 Z세대를 기업들이 어떻게 설득하는지를 관찰했다. 그리고 세계에서 가장 늙은 나라 중 하나인 일본은 어떠한 사회적 문제에 봉착해 있으며 이를 극복하기 위해 등장한 비즈니스들을 살펴보았다. 아울러 '기술' '친환경' '공간' '유통'이라는 키워드하에 최근 일본에서 새롭게 등장하는 비즈니스 모델과 그 뒤에 자리 잡은 소비자 니즈의 변화를 추적했다.

이번 책에서는 모든 키워드를 전면적으로 교체했다. 앞선 두 권에서 이미 다룬 저성장, 고령화, Z세대 관련 트렌드와 사례는 충분히 설명되었다고 판단했기 때문이다. 또한 일본은 한국에 비해 트렌드의 주기가 빠르지 않은 나라다. 그렇기에 지난 2년에 걸쳐 소개한 사례들을 지금 읽어도 크게 무리가 없을 것이다. 오히려 세 권의 책을 하나의 시리즈로 읽는다면, 저성장 시대, 일본 소비자의 모습을 더욱 입체적으로 이해할 수 있을 것이다.

　이번 책의 키워드-양극화, 탈세대, 지방 소멸, 1인 가구, 인구 감소-라는 다섯 가지 주제는 일본만의 현상이 아니다. 대한민국이 마주한 현실이자 앞으로 풀어가야 할 과제이기도 하다. 이 책을 통해 독자 여러분과 함께 그 질문들을 따라가며 변화 속에서 발견할 수 있는 가능성과 해법을 모색해나가고자 한다. 『도쿄 트렌드 인사이트 2026』이 다가올 변화를 한발 앞서 이해하고 대응하는 데 조금이나마 도움이 되기를 바란다.

정희선

주: 2025년 9월 기준, 일본 엔화 100엔은 원화 약 940원에 거래되고 있다. 하지만 이 책에서는 독자의 빠른 이해를 위해 100엔=1,000원으로 상정해 계산했다.

목차

들어가는 말 4

1장 양극화: 중간이 사라지다 16

소비 시장의 양극화, 저가 아니면 고가 20

격변하는 소비, 중산층이 오지 않는 백화점 | 외상, 젊은 신 부유층을 잡아라 | '백화점'이라는 명칭을 빼는 백화점 | 중저가 제품에 더 이상 '설레지 않는다'

저가 시장, 가격이 아니라 가치 42

싸기만 하면 팔리지 않는다 | 늘 새로운 매장을 만들다, 쓰리 코인즈 | 인플레이션 시대의 승자, '교무 슈퍼마켓'의 SPA 전략 | 고품질과 저가격을 동시에 잡다, 워크맨의 '극한 효율' 전략

가치와 의미를 중시하는 소비자 65

소비는 자신을 표현하는 방식, 가격보다 의미 | 소득이 높아도 PB상품을 삽니다

2장 탈세대脫世代: 세그먼트 대신 취향 78

세대 간 경계가 흐려진다 80

나이 들어도 덕질하고 햄버거를 먹습니다 | 저출산에도 성장하는 완구 시장 | 소비의 새로운 축 취향, 덕질

내가 좋아하는 것에 돈을 씁니다 98

세대가 아닌 취향을 저격하다, 쓰리 코인즈 | 취향 기반 커뮤니티가 소비를 움직인다 | 누군가를 응원하는 마음이 지갑을 엽니다 | 책이 아니라 '덕질'을 팝니다

3장 지방 소멸: 관계 인구를 늘려라 124

데스티네이션이 되는 공간을 만들어라 127

세계에서 가장 아름다운 편의점, 미라이 편의점 | 음식으로 마을을 살리다, 비손(VISON) | 휴게소에 가기 위해 여행을 떠납니다, 미치노에키

비즈니스 아이디어로 지역을 살리다 144

여행하면서 일합니다, 오테츠타비 | '평일엔 도쿄, 주말엔 지방' 별장 구독 서비스가 늘리는 관계 인구 | 이름 없는 산을 브랜딩하다, 야마프

지역을 살리는 기업들 164

스토리텔링으로 지역을 연결하다, 아코메야 도쿄 | 유통업체가 아닌 지역의 인프라가 되다, 무인양품 | 지역 재생에 기여하다, 소셜굿 사업부 | 도시를 살리는 스포츠의 힘

4장 1인 가구: 혼자이기를 선택하다 192

혼자를 선호하는 시대가 도래했다 194

혼자 있는 것이 좋습니다 | 때로는 혼자, 때로는 함께, 고독을 선택하다 | "결혼보다 덕질이 좋아요"

1인 가구를 위한 제품과 서비스 209

좁은 공간에서 빛나는 '스페파' 가전 | 관광객이 소멸한 호텔, '솔로 사우나'로 부활하다 | 혼자여도 부담 없는 서비스

급증하는 시니어 1인 가구 223

고령 1인 가구 위한 새로운 주거 방식, 셰어하우스 | 고령자만을 위한 부동산 R65 | 유품 정리부터 반려동물 위탁까지, 1인 가구를 위한 유언신탁 | '나홀로' 시니어를 위한 서비스

5장 인구 감소: 새로운 수요를 만들다 242

"사양 산업은 없다" 발상의 전환으로 부활하다 246

벼랑 끝에 처한 재봉틀 회사가 히트 상품을 연발하다 | 수요가 침체한 시장에서의 상품 개발법

책이 아닌 체험, 관점, 공간을 팔다 259

'체험'을 제안하는 츠타야 | 누구나 서점 주인이 되다, 공유형 서점 | 입장료 2만 원을 받는 서점에 젊은이들이 몰리는 이유 | 최애의 목소리를 만나는 서점 | 책이 아닌 '책이 있는 공간'을 유통하다

비즈니스 모델을 팝니다 292

브랜드가 은행이 되는 시대 | 서점 해볼래요? 서점 창업 지원 서비스

1장

양극화:
중간이 사라지다

"양극화된 소비 행동을 강하게 느낀 1년이었다."
_대형 슈퍼마켓 이온(AEON) 요시다(吉田) 대표, 2024년 4월

"소비의 양극화가 일어나고 있다. 일반 소비자들의 절약 성향은 강해지며 상품의 판매가 부진하다. 반면 부유층의 소비가 본격화되고 있다. 적극적으로 임금을 인상한 대기업 근무자의 가계에는 여유가 생겼다. 고가품을 일상생활에서 사용하며 '작은 사치'를 추구하는 사람들이 늘고 있다. 2024년부터 이러한 흐름을 실감하고 고가 제품군의 출시를 늘렸는데, 이 전략이 적중했다."
_어스제약 카와바타(川端) 대표, 2025년 2월

우리 생활에 밀접한 소비재 생산 기업과 유통 기업의 대표들이 최근 언론과의 인터뷰에서 공통적으로 언급한 화두가 있다. 바로 '소비의 양극화'다.

엔저가 장기화되면서 일본 경제의 양극화는 더욱 심화되고 있다. 수출 비중이 높은 대기업들은 엔화 약세 덕분에 실적이 개선되었고 이는 주가 상승으로 이어졌다. 문제는 이 주식을 보유하고 있는 계층이 대부분 경제적 여유가 있는 고령층과 고자산가라는 점이다. 주식시장의 상승이 특정 계층에만 혜택을 주면서 자산 격차는 더욱 벌어

지고 있다.

부동산 시장도 마찬가지다. 30년 가까이 정체되어 있던 일본의 부동산 가격은 코로나19 팬데믹 이후 급격히 상승했다. 특히 도쿄를 포함한 대도시 중심부에 위치한 고급 맨션(한국의 아파트와 비슷한 개념)이 가격 상승을 주도하고 있는데, 이 역시 자산을 이미 보유한 이들에게 유리하게 작용하고 있다.

이러한 양극화는 '스크루플레이션(screwflation)'이라는 새로운 소비 트렌드를 만들어내고 있다. 물가는 오르지만 임금은 정체되면서, 중산층의 가처분소득이 줄어들고 점점 빈곤화되고 있는 것이다. 통계가 이를 명확히 보여준다. 일본의 가구 소득 중위값(모든 소득을 순서대로 나열했을 때 한가운데 위치하는 가구의 소득)은 1994년 505만 엔(5천만 원)에서 2019년에는 375만 엔(3,700만 원)으로 줄어들었다. 25년간 130만 엔(1,300만 원)이 줄어 사회 전체가 가난해진 것이다.

주식 시장과 부동산 시장의 상승은 언뜻 보면 경기 회복의 신호처럼 보일 수 있다. 하지만 그 실질적 수혜자는 대부분 자산을 이미 보유한 '부자'들이다. 주가 상승은 수식을 가진 이들에게만, 부동산 가격 상승은 부동산을 소유한 이들에게만 그 이익이 돌아가고 있다.

엔저로 인한 경기 회복도 마찬가지다. 대기업들은 수출 경쟁력을 앞세워 실적이 개선되고 임금 인상도 가능해졌지만, 내수에 의존하는 중소기업들은 오히려 원가 부담만 커지고 있다. 임금 인상은커녕 생존을 걱정해야 하는 중소기업들이 늘고 있는 실정이다. 결국 엔저의 수혜도 상위층과 대기업에 집중되며, 경제의 이중구조는 더욱 고착화되고 있다.

세계 불평등 연구소(World Inequality Lab)의 자료에 따르면, 일본은 G7 국가 중 소득 불평등이 두 번째로 심한 나라다. 2022년 기준, 일본 상위 10%의 고소득층은 전체 소득의 44%를 차지하고 있으며, 이는 미국(48%)에 이어 두 번째로 높은 수치다.

양극화의 흐름은 수치로도 명확히 드러난다. 고액 자산가들의 자금이 더욱 늘어나고 있는 것이다. 2024년 9월 말 기준, 일본 내 은행에 1억 엔(10억 원) 이상을 예치한 개인 예금 계좌 수는 13만 9천 개로, 전년 대비 5.9% 증가했다. 이들 계좌의 총 예금액은 29조 4,695억 엔(300조 원)에 달하며, 이는 전체 예금 증가율의 세 배를 넘는 수준이다.

SMBC 닛코 증권의 수석 이코노미스트는 "2013년 아베노믹스 시행 이후 고액 예금 계좌가 뚜렷한 증가세를 보여왔다"라며 "부유층과 저소득층 간의 소득 및 자산 격차가 더욱 벌어지고 있을 가능성이 크다"라고 분석했다.

실제로 금융자산 보유 측면에서도 이 같은 흐름은 명확하게 나타난다. 노무라종합연구소의 조사에 따르면, 2023년 기준 순금융자산(금융자산 총액에서 부채를 뺀 금액)이 1억 엔(10억 원) 이상인 가구는 165만 3천 가구로, 조사 이래 최대치를 기록했다. 이는 2021년(148만 5천 가구) 대비 약 11.3% 증가한 수치이며, 이들 가구의 순금융자산 총액은 469조 엔에 달해, 2021년 대비 28.8%나 증가했다. 주가, 부동산 등 자산 가치 상승의 수혜를 집중적으로 받은 계층이 누구인지를 명확히 보여주는 대목이다.

일본 국세청의 소득 자료도 같은 흐름을 뒷받침한다. 2023년 기준, 연간 소득 1억 엔(10억 원)이 넘는 고소득자는 3만 3,324명으로, 2006년 대비 두 배로 증가했다.

이와 같은 소득 집중 현상은 일본만의 문제가 아니다. 한국 역시 유사한 경향을 보인다. 매출 상위 100대 기업 중 직원 평균 연봉이 1억 원을 넘는 기업 수가 2019년 9곳에서 2024년 55곳으로 빠르게 늘었다. 고물가가 지속되면서 대기업의 임금은 올랐지만 중소기업의 임금 상승 폭은 크지 않았다. 반면 소득 상위 40~60%를 차지하는 중산층 가구의 여윳돈은 코로나19 전인 2019년에는 90만 원이 넘었으나 2024년에는 약 66만 원으로 감소했다.

이처럼 소득과 자산의 양극화가 심화되면서 소비자들의 행동 양식 역시 뚜렷하게 양분되고 있다. 소득 양극화 시대, 소비자들의 어디에서, 무엇에 소비하고 있을까?

소비 시장의 양극화,
저가 아니면 고가

한때 일본에서 '중산층이 쇼핑하는 곳'으로 불리던 백화점이 이제 더 이상 중산층을 대상으로 하지 않기 시작했다. 일본 국내 소비를 지탱하던 중산층이 줄어들고, 백화점 매출의 상당 부분을 차지하던 의류 브랜드의 매출도 점차 감소하고 있기 때문이다.

이제 백화점은 주가 상승과 자산 증식 효과로 소비 여력이 생긴 고소득층, 그리고 인바운드(일본을 방문한 외국인) 관광객을 중심으로 전략을 재편하고 있다. 많은 백화점에서 의류 매장은 줄이고 고급 브랜드와 명품 매장, 그리고 식료품 매장의 비중을 늘리고 있다.

한국에서도 백화점 업계의 양극화 현상이 뚜렷하다. 전국 70여 곳 백화점 중 매출 상위 12개 점포가 전체 매출의 절반 이상을 차지한다. 롯데 잠실점, 신세계 강남점, 신세계 센텀시티점 등 소수의 초우량 점포는 연 매출 2조 원을 돌파하며 독주를 이어가고 있다.

명품 소비는 이러한 흐름을 더욱 가속화하고 있다. 루이비통, 샤넬, 에르메스 등 이른바 '에·루·샤'로 불리는 초고가 브랜드들의 매출은 지속적으로 성장하며, 이들의 성장세에 힘입어 하이 주얼리, 고급 시계 등 프리미엄 카테고리의 매출도 큰 폭으로 상승했다.

이에 따라 국내 주요 백화점들은 고소득층 고객을 겨냥한 전략으로 빠르게 전환하고 있다. 업계에 따르면 백화점 3사(롯데, 신세계, 현대)의 VIP 고객의 연간 매출 비중은 평균 40%를 넘어섰으며, 이들을 위한 VIP 전용 서비스를 강화하고 있다. 프리미엄 명품관의 규모를 확대하거나 리뉴얼을 단행하고, VIP 고객 전용 라운지를 운영하는 등 상위 1% 고객층을 위한 맞춤형 서비스를 강화하고 있다.

백화점이 점차 고소득층을 위한 공간으로 재편되고 있는 상황에서 일본의 백화점은 어떠한 전략을 펼치고 있을까?

격변하는 소비,
중산층이 오지 않는 백화점

"오랜 시간 사랑해주셔서 감사합니다."

2024년 여름, 도쿄 이케부쿠로역과 직결된 세이부 이케부쿠로 본점(西武池袋本店)에서는 여성복, 가구 등의 매장에 영업 종료를 알리는 안내문이 걸리고, 상품이 빠져 비어있는 공간이 하나둘씩 늘어났다. 2023년 9월, 백화점 체인인 소고·세이부(そごう·西武)를 운영하던 세븐앤아이 홀딩스는 실적 부진을 이유로 백화점을 미국계 투자 펀드에 매각했다. 이후 이 점포의 부동산을 인수한 요도바시 홀딩스는 이 자리에 자사 가전 양판점의 입점을 예고했으며, 그에 따라 기존 백화점 영업 공간은 절반 수준으로 축소될 예정이다.

세이부 이케부쿠로 본점은 25년 만에 대대적인 리뉴얼 공사에 들어갔으며, 이 과정에서 전체 매장의 약 20%에 해당하는 200여 개 테넌트(입점 업체)가 이미 철수했다. 중저가 의류와 가구 판매를 줄이는 대신 루이비통과 에르메스 같은 고급 브랜드, 화장품, 프리미엄 식료품 중심으로 매장을 구성해 외국인 관광객과 고소득층을 주요 타깃으로 삼겠다는 전략이다.

한때 백화점 소비의 중심이었던 중산층은 점점 줄어들고 있다. 일본의 노동정책연구연수기구(労働政策研究·研修機構)는 '중산층'을 평균적인 가계 소득의 약 0.75배에서 2배 사이에 해당하는 사람들로 정의하고, 그 규모가 어떻게 변하고 있는지 지속적으로 조사하고 있다.

일본의 중산층이 전체 인구에서 차지하는 비중은 1985년 63.9%에서 2018년 58.1%로 감소했다. 이는 OECD 17개국의 평균 하락률인 2.6%보다 더 큰 폭으로, 일본 사회에서 중산층이 점점

세이부 이케부쿠로 본점은 여성복 매장과 가구 매장을 줄이는 대신 식품 매장과 럭셔리 매장을 크게 확대할 예정이다.
출처: 소고 세이부 홈페이지(www.sogo-seibu.jp/ikebukuro/renewal)

줄어들고 있음을 보여준다.

중산층 축소의 배경에는 고령화도 중요한 요인으로 작용한다. 은퇴 가구가 늘어나면서 현역 세대의 소득 기반이 상대적으로 약해졌기 때문이다. 전문가들은 2040년 이후, 인구 비중이 높은 '단카이 주니어 세대(団塊ジュニア世代, 일본의 두 번째 베이비붐 세대, 즉 1970~1974년 사이에 태어난 사람들)'가 65세 이상 고령층에 진입하고 현역 세대의 소득 상승이 없다면, 일본의 중산층은 더욱 급격히 줄어들 가능성이 크다고 경고한다.

한편 백화점은 오랫동안 의류 판매를 중심으로 성장해왔다. 일본백화점협회에 따르면, 1991년 백화점 시장 규모는 9조 7,130억 엔(97조 원)으로 정점을 찍은 후 지속적으로 축소, 2023년에는 이

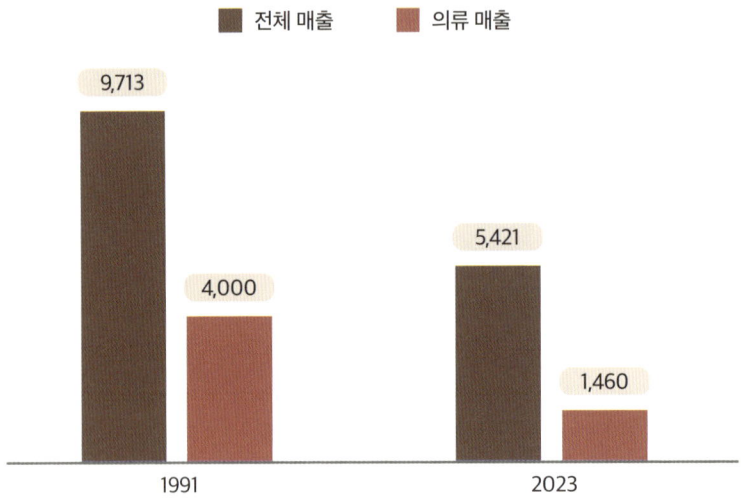

의 절반 수준인 5조 4,211억 엔(54조 원)에 그쳤다. 같은 기간, 의류 매출은 4조 엔(40조 원)에서 1조 4,600억 엔(14조 원)으로 크게 줄어들었다. 백화점의 주력 품목이 더 이상 의류가 아닌 것이다.

전반적인 물가 상승에 더해 최근 이어진 엔화 약세는 수입 브랜드 제품의 가격을 끌어올리고 있다. 이제 백화점의 주요 상품군은 중산층이 쉽게 접근하기 어려운 가격대가 되었다.

실제 소비자들의 목소리에서도 이런 변화가 뚜렷하게 드러난다. 도쿄 시내의 백화점을 찾은 한 50대 여성은 "물가가 올라도 식품은 어쩔 수 없이 사지만, 옷 구매 빈도는 확 줄였다"라고 말했다. 수십 년간 백화점에서 국내 유명 브랜드를 구매해왔다는 그녀는 "5천~6천 엔(5만~6만 원) 정도일 것이라 예상했던 옷이 2만 엔(20만 원)을 넘어 깜짝 놀랐다"라고 털어놓았다.

이제 중산층 소비자들은 백화점이 아닌 아울렛과 쇼핑몰에서 쇼핑하며, 가성비 높은 스파(SPA) 브랜드를 선택한다. 이에 따라 한때 백화점 매출의 핵심이었던 일본의 중가 의류 브랜드들도 백화점에의 의존도를 낮추고 있다. 백화점을 중심으로 유통해온 의류 브랜드 온워드(Onward)의 경우, 2024년 백화점에서 발생하는 매출의 비중이 38%인데, 이는 15년 전의 절반 수준에 불과하다. 대신 쇼핑센터(SC)와 전자상거래(EC)에서의 매출 비중은 각각 30%까지 증가하며 빠르게 백화점을 따라잡고 있다.

결국 최근 일본 백화점의 식료품 매출은 의류 매출을 앞지르는 사태에 이르렀다. 다이마루 마츠자카야 백화점의 전 사장이자 일본 백화점협회장을 지낸 요시모토 타츠야(好本達也) 씨는 "중산층이 두꺼웠던 20년 전만 해도 백화점은 관혼상제용 의류, 정장, 그리고 선물 수요로 성장할 수 있었다. 하지만 지금은 그런 고객층과 소비 상황 자체가 사라지고 있다"라고 말하며 백화점의 반전이 시급하다고 강조한다.

그렇다면 백화점은 앞으로 어떻게 살아남아야 할까?

외상,
젊은 신 부유층을 잡아라

최근 일본 백화점들은 기업가, 인플루언서 등 젊은 부유층과 같은 고소득층을 선점하기 위해 치열한 경쟁을 벌이고 있다. 한국 백화점들이 VIP 서비스를 강화하는 것과 같은 맥락이다.

일본 백화점에는 '외상(外商)'이라는 VIP 전담 부서가 존재하는데, 최근 모든 백화점이 외상 매출 확대에 전력을 다하고 있다. 일본의 '외상'은 오래전부터 존재하던 판매 방식으로, 매장에서 고객을 기다리는 것이 아니라 담당 직원이 기업 및 개인 고객의 공간으로 직접 찾아가 상품이나 서비스를 제공하는 방식이다. 외상 비즈니스는 백화점의 전신인 포목점이 에도 시대, 관료의 저택을 돌며 주문을 받던 관행에서 유래했으며, 이후에도 고소득층과 법인 고객을 중심으로 유지되었다. 외상 비즈니스는 물건을 들고 직접 고객의 집을 방문하는 경우도 있지만, 최근에는 백화점 내 별도 공간을 마련하고 고객이 좋아할 만한 제품을 가져와 판매하는 방식이 더 흔하다. 국내외 백화점들의 퍼스널 쇼핑 서비스 및 VIP 라운지와 유사한 방식이다.

이러한 외상 고객 비즈니스가 최근 일본 백화점 수익의 중요한 축이 되고 있다. 이세탄 백화점의 경우 전체 매출에서 외상 거래가 차지하는 비중이 약 20%에 달하며, 다른 주요 백화점들도 15%에서 30% 정도의 매출이 외상 고객에게서 나오고 있다. 특히 외국인 관광객의 발길이 끊긴 코로나19 시기, 외상 고객은 백화점의 구세주 역할을 했다. 미츠코시 이세탄 신주쿠점과 니혼바시점의 외상 매출은 2019년 716억 엔(7,160억 원)에서 2022년 860억 엔(8,600억 원)으로 20% 넘게 증가했다.

백화점 외상 서비스
출처: 한큐한신 백화점 홈페이지
(www.hankyu-hanshin-dept.co.jp)

이에 백화점들도 외상 비즈니스에 힘을 쏟기 시작한다. 한큐한신 백화점은 한큐 우메다 본점에 약 300평 규모의 VIP 살롱을 신설해 고소득층 대상의 맞춤 서비스를 강화할 계획이다. 다이마루 마츠자카야 또한 외상 고객의 모집을 확대하고, 고급 브랜드 매장에 대한 투자도 늘린다.

최근 주목할 변화는 외상 고객층의 '세대 교체'가 이루어지고 있다는 점이다. 전통적으로 60대 이상이 주를 이루었던 외상 고객층이 코로나19 확산 이후 외출을 꺼리며 이들의 소비가 감소했고, 백화점들은 20~40대의 젊은 고소득층으로 눈을 돌리기 시작했다.

일본 국세청의 민간 급여 실태 통계 조사에 따르면, 연간 급여 소득이 1천만 엔(1억 원)을 넘는 인구는 2022년 75만 명으로 5년 사이에 무려 24% 증가했다. 그리고 가구 연 소득 1,500만 엔(1억 5천만 원) 이상인 이들 중 20~30대의 비중은 40%에 달한다. 창업가, 개업의, 기업 임원, '파워 커플'이라 불리는 고소득 전문직 부부 등의 젊은 고소득자들이 외상 비즈니스의 새로운 주역으로 떠오르고 있다.

이세탄 신주쿠 본점에서 조사한 결과 2021년, 연간 1천만 엔(1억 원) 이상을 소비한 외상 고객 중 44세 이하 고객의 구매액은 2019년 대비 5.4배 증가했다. 같은 기간 다른 연령층은 1~2배 증가에 그친 것과 비교하면, 젊은 부유층의 성장세가 단연 두드러진다. 다이마루 마츠자카야 백화점의 경우, 2023년 외상 거래 매출 중 30%는 40대 이하 고객에게서 나오고 있는데, 이는 2019년의 20%에 비해 크게 늘어난 수치다.

주목할 점은 여전히 외상 고객 수의 절반을 50~60대가 차지하지만 객단가는 20~40대가 더 높다. 이는 브랜드 제품, 고급 시계 등 고가 상품의 소비가 많기 때문이다.

판매 방식에도 변화의 바람이 불고 있다. 젊은 부자들은 외상 전담 직원이 고객의 집을 방문하는 기존 방식보다 온라인 접객을 선호한다. 또한 이들은 구매 시 속도와 효율성을 중시하기에 쇼핑에 많은 시간을 투자하지 않고, 일과 중 짬이 날 때 백화점을 방문해 원하는 상품을 전용 라운지에서 확인하고 빠르게 구매를 진행한다.

구매 품목에도 변화가 감지된다. 이들은 신진 디자이너 브랜드, MZ세대에게 인기 있는 명품 브랜드, 와인, 미술품에 대한 관심이 높다. 백화점들 또한 젊은 고객의 취향에 맞추어 신진 예술가의 작품을 취급하거나 외상 전담 직원에게 와인 및 미술 관련 교육을 강화하는 방식으로 외상 서비스의 수준을 끌어올리기 위해 노력하고 있다.

당분간 젊은 부유층의 구매력은 더욱 높아질 것으로 전망한다. 그리고 이들은 경기 불황에도 소비를 크게 줄이지 않는다. 일본 백화점 업계는 지금 영앤리치(Young&Rich) 고객들을 잡기 위해 소리 없는 전쟁을 치르고 있다.

'백화점'이라는 명칭을 빼는 백화점

소비의 양극화와 함께 주목할 만한 또 하나의 흐름은 도심과 지방 백화점 간의 양극화다. 일본 내 지방 백화점의 폐점은 이미 수십 년 전부터 시작되었으며, 최근 들어 그 속도가 더욱 빨라지고 있다. 한때 중산층의 주요 소비 공간이었던 지방 백화점은 중산층 붕괴와 함께 빛색을 잃었고, 인구와 자본이 도심으로 집중되면서 설 자리를 잃어가고 있다.

일본백화점협회에 따르면, 도쿄·오사카 등 10개 주요 도시를 제외한 지방의 백화점 수는 2024년 기준 109개로, 불과 10년 사이 약 50개 점포가 사라졌다. 대형 쇼핑몰과의 경쟁, 가속화되는 인구 감소 등의 역풍이 이어지면서 백화점이 아예 존재하지 않는 지방 도시도 늘고 있다. 지금 일본 지방의 백화점 산업은 단순히 '무엇을 파는가'를 넘어서 '어떻게 살아남을 것인가'라는 질문에 직면해 있다. 이에 대한 힌트를 최근 과감하게 전략을 전환해 주목받고 있는 긴테츠 백화점 사례에서 찾아보고자 한다.

일본의 긴테츠 백화점은 2029년까지 오사카 본점을 제외한 모든 점포에서 '백화점'이라는 단어를 뺄 계획이다. 이는 단순한 명칭 변경이 아니라, 전통적인 백화점 모델에서 완전히 탈피하겠다는 선언에 가깝다. 지방과 교외 점포들을 더 이상 '의류 중심 테넌트의 집합체'로 유지하는 것은 한계에 이르렀다는 판단에서다.

지방 백화점들이 잇따라 지방에서 철수하면서 긴테츠 백화점의 위기감 또한 높아졌다. 이에 긴테츠 백화점은 기존 백화점의 구성

긴테츠 백화점
출처: 아베노 긴테츠 백화점 홈페이지(abenoharukas.d-kintetsu.co.jp)

을 버리고 '탈(脫) 백화점' 전략을 본격적으로 추진하고 있다. 새로운 전략의 방향은 명확하다. '주민들의 생활에 도움이 되는 시설로 진화', 즉 지역 주민들이 실제로 필요로 하는 공간으로 다시 태어나겠다는 것이다.

예를 들어 나라(奈良)에 위치한 점포는 학원, 금융 서비스, 육아 지원, 지역 커뮤니티 기능 등을 중심으로 재구성해, 단순한 쇼핑 공간을 넘어 지역 밀착형 생활 거점으로 거듭나고자 한다. 역세권에 위치한 점포들은 행정 서비스나 의료 클리닉을 유치하는 등, 공공성과 접근성을 겸비한 복합 생활시설로의 전환을 추진하고 있다.

반면 역세권이 아닌 교외 점포는 음식점, 슈퍼마켓, 약국 등 소비자들의 일상에 밀접한 업태를 확대해 방문 빈도를 높이는 전략을 펼치고 있다. 긴테츠 백화점의 새로운 전략을 엿볼 수 있는 대표 사례가 바로 오사카에 위치한 본점, 긴테츠 백화점 아베노 하루카스(ABENO KARUKAS)다. 이곳은 테넌트(임차 매장)와 백화점 직영 매장이 혼재되어 있으며, 직영 매장에는 프랜차이즈 사업 모델을 도입해 변화를 모색하고 있다. 백화점이 유명 프랜차이즈(franchise) 브랜드와 계약을 맺고 프랜차이지(franchisee), 즉 가맹점주의 자격으로 매장을 직접 운영하는 방식이다. 실제로 아베노 하루카스 본점의 전체 750개 매장 중 약 70개가 이러한 프랜차이즈 계약에 기반해 백화점이 직접 운영하는 점포다.

대표적인 예가 고급 슈퍼마켓으로 인기를 끌고 있는 세이조 이시이(成城石井)다. 세이조 이시이가 백화점 내에 입점한 것은 이례적인 일로, 기존 백화점에서는 찾아보기 힘든 새로운 시도다. 긴테츠 백화점은 드러그스토어, 홈센터(각종 건축 자재, 공구, 인테리어 용품부터 생활용품, 조경, 반려동물 용품까지 주택 개조와 생활 전반에 필요한 모든 제품을 취급하는 대형 전문 매장) 등 다양한 업종과 프랜차이즈 계약을 지속적으로 맺으며 매장 수를 확대하고 있다.

프랜차이즈 사업에 백화점의 운영 노하우를 접목해 차별화된 시도도 진행 중이다. 예를 들어 과자 브랜드 후지야(FUJIYA)와 협력해 새로운 디저트 브랜드인 페코리셔스(Pekolicious)를 론칭했다. 후지야의 유명 캐릭터인 페코짱을 활용해 백화점의 주요 고객층인 50~60대뿐만 아니라 20~30대 젊은 층까지 공략하려는 전략이다.

긴테츠 백화점이 이렇게 프랜차이즈 사업에 주력하는 이유는 무엇일까? 가장 큰 이유는 높은 수익성이다. 매장을 임대 형태로 둘 경우 임대료 수입만 발생하지만, 백화점이 직접 프랜차이즈 매장을 운영하면 판매 실적에 따라 수익이 증가하고, 운영에 대한 통제력도 커진다.

예를 들어 구매 데이터를 기반으로 자동 발주 시스템을 활용하면서도, 백화점을 운영하면서 축적한 노하우를 바탕으로 백화점 직원이 직접 발주를 조정함으로써 기회 손실을 줄이고 수익을 극대화하고 있다. 실제로 2024년 2월 기준 긴테츠 백화점 전체의 영업이익률이 3.4%인 반면 프랜차이즈로 운영 중인 세이조 이시이 매장은 10% 이상의 수익률을 기록하고 있다. 특히 수익성이 낮은 지방의 백화점에서 프랜차이즈 사업은 안정적인 운영을 가능하게 해주는 현실적인 해법이 되고 있다.

나아가 긴테츠 백화점은 수익 구조를 개선하기 위해 밸류 체인의 업스트림(upstream, 후방산업)까지 사업을 확장하고 있다. 2023년부터 직접 딸기를 재배하고 있으며, 망고 재배까지 고려하고 있다. 딸기 사업의 경우 초기 투자비를 제외하면 첫해부터 흑자를 기록한 것으로 알려졌다.

수익뿐만이 아니다. 프랜차이즈 사업은 신규 고객층 유입이라는 효과도 기대할 수 있다. 세이조 이시이의 자체 브랜드(PB)상품은 꽤 인기가 높아, 세이조 이시이를 백화점 내에 유치함으로써 새로운 고객의 방문을 유도할 수 있다. 실제로 2024년 6월 긴테츠 백화점 와카야마점 지하에 세이조 이시이가 입점하자, 개점 첫날 매출이 프랜차이즈 운영 중인 11개 점포 중 최고치를 기록했다. 그뿐만 아니라 슈퍼마켓, 드러그스토어, 홈센터와 같은 생활밀착형 업태가 백화점 내에 들어오면 고객들의 방문 빈도가 높아지는 효과를 기대할 수 있다.

긴테츠 백화점은 2029년 2월까지 전체 백화점 매출의 절반 이상을 프랜차이즈 사업을 통해 달성하겠다는 목표를 세우고 있으며, 프랜차이즈 점포 수도 100개로 늘릴 계획이다. 2024년에는 일본 대형 홈센터 브랜드인 카인즈(CAINZ)와도 프랜차이즈 계약을 체결하고, 긴테츠 백화점 각 점포에 출점을 추진하고 있다. 생활용품과 잡화 매장이 늘어남에 따라, 백화점은 인근 주민들이 일상적으로 찾는 공간으로 다시 자리 잡을 수 있을 것으로 기대된다.

동시에 '체험 소비'가 가능한 업태의 출점도 추진한다. 디지털로 체험할 수 있는 스포츠 시설과 오락, 교육, 문화 등의 서비스를 강화 중이다.

긴테츠 백화점은 일부 매장에서 '백화점'이라는 명칭을 빼지만 "백화점의 기능을 포기하는 것은 아니다"라고 강조한다. 백화점의 강점은 지하에서 파는 고급 식재료, 선물 수요, 부유층을 대상으로 한 외상 거래, 그리고 인바운드 소비이기에, 다른 백화점과 마찬가지로 본점을 중심으로 선물 수요, 부유층 소비, 인바운드 소비를 위한 시설도 강화할 생각이다.

예를 들어 빠르게 회복되고 있는 인바운드 고객의 고액 소비를 잡기 위해 2027년까지 의류와 보석 등 고급 브랜드 매장을 현재의 두 배로 확대할 예정이다. 또한 기존에 주로 1층에 입점해 있던 해외 명품 브랜드 매장을 상층부까지 넓히고, 일본 각지의 특산품을 집약해 판매하던 지하 식품 매장은 리모델링을 통해 경쟁력을 높인다.

반면 본점을 제외한 지역 점포에서는 주민들의 일상에 필요한 실용적 서비스에 집중하는 전략을 취하고 있다. 다시 말해 긴테츠 백화점은 본점에서는 부유층과 외국인 관광객을, 교외 점포에서는 지역 주민을 각각 타깃으로 하는 이원화 전략을 통해 백화점 소비의 양극화 문제를 해결하고자 한다.

최근 한국에서도 지방 백화점 폐업이 잇따르고 있다. 긴테츠 백화점의 사례는 변화하는 유통 환경 속에서 한국 역시 참고할 만한 중요한 전략적 시사점을 제공하고 있다.

중저가 제품에 더 이상 '설레지 않는다'

양극화 현상은 유통업뿐만 아니라 제조업에서도 발견된다. 바로 중저가 제품 판매의 부진이다.

2024년 4월, 일본에서 오랜 기간 사랑받아 오던 중저가 화장품 브랜드인 코프레 도르(COFFRET D'OR)가 판매 종료를 발표했다. 이어 같은 해 8월에는 가오(Kao)의 중저가 브랜드인 오브(AUBE)가 판매를 중단했다. 이들 브랜드는 대형 제조사의 기술력과 마케팅을 바탕으로 폭넓은 소비자층으로부터 선택을 받아왔었다.

그러나 최근 몇 년 사이 일본의 중저가 화장품 시장은 빠르게 위축되고 있다. 2023년 기준, 3천~5천 엔 가격대 파운데이션의 판매량은 2019년 대비 30% 감소했으며, 2천~4천 엔 가격대의 립스틱은 무려 70% 가까이 판매가 줄어들었다. 이는 저가 화장품의 품질이 향상된 데다, 한국 화장품의 공격적인 진출로 경쟁이 심화된 결과다.

〈닛케이 신문(니혼게이자이 신문)〉과 조사 업체인 인텔리전스가 20~30대 여성 554명을 대상으로 실시한 설문 조사에서 소비자들의 심리를 엿볼 수 있다. 화장품 선택 시 가장 중요하게 여기는 요소로 가격대(33.4%)와 품질·성능(31.4%)이 압도적으로 높은 비중을 차지한 반면, 브랜드 이미지(2.7%)나 제조사 이미지(1.3%)는 상대적으로 낮은 응답률을 보였다. 철수를 결정한 오브 브랜드에 대해서는 '잘 모르겠다'는 응답이 48.9%로 절반에 가까웠다. 중저가 브랜드의 품질에 대해 "대기업 브랜드라 안정적일 것이라는 이미지가 있다"라는 긍정적인 응답도 있었다. 하지만 이러한 '안정감'은 역설적으로 소비자에게 '평범함'으로 인식되며 설렘을 전하지 못하는 요인으로 작용하고 있다. "드러그스토어에 가도 기분이 좋아지지 않아 이제는 더 이상 (드러그스토어 화장품을) 구매하지 않는다"라는 소비자의 의견처럼, 단순히 가격 대비 성능(가성비)을 넘어서, 이제 소비자들은 '경험'과 '감정적 만족'을 추구하기 시작했다. 특히 화장품의 구매에 있어서는 '기분 좋은 경험'이 점점 중요해지고 있다. 브랜드는 기능성과 신뢰를 넘어 감성적으로 연결될 때 선택받는다.

즉, 저가 브랜드는 압도적인 가성비로 소비자의 선택을 받고, 고가 브랜드는 감정적인 만족감을 전해준다. 반면 이 두 가지 요소 중 어느 하나도 충족시키지 못하는 브랜드는 자연스럽게 외면받기 마련이다.

이러한 소비 심리의 변화는 안경 산업에서도 뚜렷하게 나타난다. 한때 시장의 중심이었던 1만~3만 엔(10만~30만 원)대의 중가 제품은 줄어들고, 고가 제품과 저가 제품의 양극화가 심화되고 있다. 특히 고급 안경의 평균 가격은 5년 전보다 약 20% 가까이 상승해 10만 엔(100만 원)을 웃도는 제품도 더 이상 드물지 않다. 예를

가네코 안경 매장 전경
출처: 가네코 안경 홈페이지(www.kaneko-optical.co.jp)

들어 고급 안경 브랜드 가네코 안경(金子眼鏡)은 2024년 상반기 기준, 평균 구매 금액이 5년 전보다 16% 오른 7만 6,017엔(76만 원)을 기록했다. 같은 계열사인 포나인스(フォーナインズ) 역시 평균 단가가 8만 1천 엔(81만 원)을 돌파했다. 이는 시력 교정 용도가 아닌 디자인, 착용감, 그리고 패션 아이템으로서의 가치를 중시하는 소비자가 늘어난 결과다.

그럼에도 불구하고 전체 시장의 평균 구매 단가는 거의 변함이 없다. 안경광학출판(眼鏡光学出版)의 조사에 따르면, 2022년 일본 내 안경 평균 구매가는 2만 924엔(21만 원)으로 4년 전과 큰 차이가 없다. 이는 곧 중간 가격대 시장은 축소하고 있지만, 고가와 저가 제품군이 동시에 확대되며 시장 양극화가 심화되고 있음을 뜻한다. 실제 판매 상위 100개 점포의 실적을 보면, 3만 엔(30만 원) 이상 제품의 비중은 약 10년 전의 두 배인 35%로 늘었고, 반대로 1만 엔(10만 원) 미만의 제품도 26%까지 증가했다.

특히 진스(JINS), 조프(Zoff)와 같은 저가형 안경 프랜차이즈 매장의 확산은 이러한 흐름을 더욱 가속화시키고 있다. 이들 브랜드는 현재 전체 안경점의 약 22%를 차지하고 있으며, 이는 10년 전 10% 수준에서 두 배 이상 성장한 수치다.

흥미로운 점은 기존에 저가 제품을 주력으로 해온 브랜드들조차 최근에는 고가 라인업을 강화하고 있다는 것이다. 예컨대 진스는 2024년부터 고급 라인을 확대하며 소비자의 다양한 니즈에 대응하고 있다. 결국 안경 산업 역시 실용적인 저가 상품과 감성적 가치를 지닌 고가 상품이 공존하는 '소비 양극화' 구조로 재편되고 있는 것이다.

우리 생활에 밀접한 식품 외식업계에서도 양극화 흐름이 나타나고 있다.

"세계 3대 진미, 트러플에 빠져드는 생파스타"

파인다이닝 레스토랑에서나 볼 법한 이 문구가 일본 패스트푸드 체인 웬디스 재팬에 등장했다. 웬디스는 2024년, 고급 식재료인 블랙 트러플을 사용한 '트러플 파스타'(한화 약 1만 1천 원)를 출시했다. 웬디스에서 1만 원이 넘는 파스타를 판매하는 것은 처음이다.

고가와 저가 제품이 동시에 인기를 끌며, 중가 제품은 설 자리를 잃어가고 있다.
출처: 웬디스 재팬 홈페이지(wendys-firstkitchen.co.jp)

웬디스는 2023년부터 고급화와 저가 전략을 동시에 시도해왔다. 트러플과 버섯을 넣은 '트러플&머쉬룸 멜트 버거'(1만 8천 원), 로스트비프를 아낌없이 올린 '로스트비프 버거'(2만 원)를 출시했는데, 20~40대 여성 고객에게 큰 인기를 얻었다. 대중의 호응에 자신감을 얻은 웬디스는 고급 파스타를 개발했다. 웬디스는 고가 제품 출시와 동시에 기존 파스타 메뉴보다 더 저렴한 파스타도 동시에 선보였다. 이는 소비자층이 '프리미엄을 즐기는 소수'와 '실속을 챙기는 다수'로 양분되고 있기 때문이다.

다른 외식업계 브랜드도 이러한 이중 전략을 시행 중이다. 모스버거는 국산 소고기를 사용한 고가 버거를 출시하는 한편, 4천~5천 원 대의 저가 메뉴도 함께 제공한다. 맥도날드 재팬 역시 5천 원대 저가 세트를 내놓으면서 동시에 패티의 양을 늘린 1만 원이 넘는 고가의 햄버거도 출시했다. '소확행(小確幸)' 혹은 '작은 사치(プチ贅沢)'를 즐기려는 고객의 니즈를 겨냥한 것이다. 이처럼 일본의 외식업계는 지금 '작은 사치'를 추구하는 소비자와 '가성비'를 추구하는 소비자를 동시에 공략하는 이중 트랙 전략을 강화하고 있다.

여기서 우리가 주목해야 할 점은 소비자가 반드시 한쪽에만 머무르는 것이 아니라는 것이다. 같은 소비자라도 특별한 날에는 고급 메뉴로 '작은 사치'를 즐기고, 일상에서는 부담 없는 저가 메뉴를 선택하는 등 상황과 기분에 따라 다양한 소비 패턴을 보인다. 즉, 소비자의 선택이 이분화되었다고 이해하기보다는 소비자의 선택이 상황에 따라 신축적이며 유연해지고 있다고 이해하는 것이 맞을 것이다. 외식업계는 소비자의 복합적인 소비 성향을 모두 만족시키기 위해 세분화되고 다각적인 전략을 구사하고 있는 것이다.

이러한 신축적인 소비 행태는 불경기에 특히 더 강해지는 경향을 보인다. 자신의 한정된 자원을 어디에 할애할 것인가를 꼼꼼히 따지기 때문이다. 또한 최근 저렴하지만 품질이 우수한 상품과 서비스가 널리 보급된 점도 신축 소비의 배경으로 작용한다. 자신이 특별히 신경을 쓰지 않는 제품이라면 적은 예산으로도 만족할 만한 품질의 가성비 좋은 상품을 쉽게 찾을 수 있기 때문이다.

저성장, 인구 감소의 시대를 맞이하고 있는 기업들은 우리 제품이 '가성비' 혹은 '설렘'이라는 확실한 가치를 제공하고 있는지 점검해야 한다. 이도 저도 아닌 애매한 제품은 고객들의 선택을 받지 못할 것이다.

저가 시장,
가격이 아니라 가치

"1,000원도 비싸다" 불황에 초저가 열풍

2025년 1월, 〈경향신문〉의 기사에 등장한 소비 트렌드 중 하나다. 최근 소비자들의 가격 민감도가 높아지자 편의점 업계에서 저가 상품의 출시가 활발히 이루어지고 있다. 특히 1천 원 이하의 초저가 상품이 인기를 끌며 매출도 해마다 증가하는 추세다.

편의점은 대형마트에 비해 접근성은 뛰어나지만 가격은 다소 비싼 곳이라는 인식이 있다. 하지만 최근에는 1천 원 미만의 극단적으로 저렴한 상품을 앞다투어 출시하며 편의점도 가격 경쟁에 뛰어들었다. 이렇게 가격에 민감하게 반응하는 모습은 일본 소비자들과 매우 닮아있다. 고물가 상황이 지속되면서 한국의 소비자들 역시 일본과 유사한 패턴을 보이기 시작한 것이다. 양극화로 인한 저가 시장의 성장은 비단 한국, 일본만의 이야기가 아니다. '가성비의 끝판왕'이라고 불리는 독일의 할인 슈퍼마켓 체인점인 알디(ALDI)는 미국에서 세력을 확장하고 있다.

하지만 우리가 주목해야 할 점은 성공하는 저가 브랜드들이 단순히 '저렴함'만을 내세우지 않는다는 것이다. 이들은 오히려 누구보다 '가치'에 충실한 제품을 제공하며, 소비자의 합리적인 기준을 만족시키고 있다.

싸기만 하면
팔리지 않는다

소비자에게 저렴한 가격으로 제품이나 서비스를 제공하는 '저가 업계'가 가장 발달한 나라 중 하나는 단연 일본일 것이다. 일본에는 유니클로와 그 자매 브랜드인 GU, 기능성 의류로 인기를 끌고 있는 워크맨(WORKMAN), 그리고 대용량 식재료를 합리적인 가격에 판매하는 교무 슈퍼마켓(業務スーパー) 등 제조와 유통 전반에 걸쳐 가격 경쟁력을 갖춘 브랜드들이 다수 존재한다.

이러한 일본의 저가 브랜드가 약진하게 된 배경에는 1990년대 초 거품경제 붕괴가 자리하고 있다. 버블(거품)이 꺼진 이후, 실질임금이 하락하고 접대 문화가 줄어들면서 고급 소고기나 생선과 같은 고가 식재료의 수요가 급감했고, 이는 곧 공급 과잉으로 이어졌다.

또 하나의 변화는 부동산 가격의 하락이다. 버블 붕괴로 토지 가격이 급락하면서, 지방에 위치해 있던 기업들이 수도권에 진출할 수 있는 기반이 마련되었고, 이는 저가 업태의 성장에 결정적인 역할을 했다.

이러한 흐름 속에서 탄생한 대표적 업태가 저렴한 가격에 스시와 고기를 먹을 수 있는 대형 회전초밥 체인과 샤브샤브 전문점이었다. 또한 경기 불황이 시작되자 다수의 브랜드가 저가 제품을 앞다투어 출시했다. 맥도날드는 한때 햄버거를 650원이라는 파격적인 가격에 판매했다. 이러한 초저가 전략은 기존의 소비 상식을 뒤흔드는 충격이었다.

하지만 처음에는 열광하던 소비자들이 시간이 흐를수록 단순히 '저렴한 가격'만으로는 더 이상 만족하지 않게 되었다. "뭐든 다 파는데 사고 싶은 건 없다"라는 표현처럼, 가격은 싸지만 매력이 없는 상품이 범람하자 소비자들은 점차 피로감을 느끼기 시작했다. 무조건 저렴하다고 지갑을 열던 소비자들이 '가치 소비'를 중시하는 방향으로 변한 것이다. 즉, 완전한 초저가보다는 '적절한 가격에 품질과 디자인을 갖춘 상품'을 선호하게 되었다.

일본의 저가 시장은 포화 상태에 이르렀으며, 가격만으로는 차별화를 이루기 어려운 시대로 변했다. 이런 이유로 '합리적인 가격'에 '기분 좋은 소비 경험'을 제공할 수 있는 브랜드만이 살아남게 된 것이다.

이는 『도쿄 트렌드 인사이트』에서 소개한 가치 소비 트렌드와 연결된다. 소비자들은 동일한 가격으로 점점 더 높은 만족감과 가치를 제공하는 상품을 선택한다. 즉, 현명해진 소비자들은 무조건 싸다고 지갑을 여는 것이 아니다. 품질, 디자인, 서비스 등에서 만족할 수 있을 때, 즉 내가 지불하는 100원에 걸맞은 가치를 제공받는다는 느낌이 들 때만 소비를 한다.

이러한 소비자 심리의 변화 속에서 등장한 브랜드가 바로 유니클로다. 유니클로는 "저렴한 가격에 품질 좋은 제품을 제공할 수는 없을까?"라는 질문에서 출발했다. 1998년, 첫 매장을 연 유니클로

최초의 유니클로 매장
출처: 유니클로

는 소재업체인 도레이와 협력해 히트텍, 울트라 라이트 다운, 에어리즘 등 기능성과 품질을 갖춘 제품을 개발하며 일본 소비자들의 사랑을 받아왔다.

물가가 오르고 지갑이 얇아지는 상황에서는 가격이 낮은 것만 팔린다고 생각하기 쉽다. 하지만 오랜 기간 디플레이션을 겪은 일본의 사례를 보면 그것이 반드시 정답은 아님을 보여준다. 물건이 부족한 시대에는 싸게 팔면 잘 팔렸다. 하지만 지금은 물건이 넘쳐 나고, 일본과 한국의 생활 수준은 세계에서도 매우 높은 축에 속한다. 이제 고객들은 가격도 중요하지만 질 좋은 상품을 원한다.

'싸기만 한 상품'으로는 더 이상 살아남을 수 없는 시대다. 예를 들어 유니클로 외에도 다른 브랜드가 동일한 가격대에서 더 높은 품질이나 디자인을 제공한다면, 소비자들은 주저 없이 그 브랜드를 선택할 것이다. 가격이 다소 높더라도, 그에 걸맞은 '가치'를 제공하는 브랜드가 살아남는다.

소비자들은 단순히 싸다는 이유만으로 지갑을 열지 않는다. 가격 대비 가치를 중시하는 소비 심리는 이미 1990년대부터 일본 사회에 자리 잡기 시작했으며, 이에 발맞추기 위해 일본 기업들 역시 지난 30여 년간 저가격과 고품질의 양립을 위한 노력을 지속했다.

예를 들어 지난 30년간 꾸준히 인기를 끌어온 100엔 숍, 그리고 코로나19 이후에 크게 확장하고 있는 100엔 숍보다 프리미엄 제품을 판매하는 300엔 숍을 운영하는 기업들은 대부분 독자적으로 상품 개발을 추진하고 있다. 도매상으로부터 기존의 상품을 받아 진열하고 판매하는 것만으로는 시대의 요구에 부응할 수 없다. 독자적인 상품 개발을 통해 지금까지 없던 상품을 제공할 수 있어야 고객의 지지를 받을 수 있다.

편의점이나 대형마트에서 흔히 볼 수 있는 PB상품을 예로 들어보자. 과거에는 PB상품(Private Brand, 자체 상표 상품)이 NB상품(National Brand, 제조사 브랜드상품)보다 저렴하지만 품질이 떨어진다는 인식이 많았다. 하지만 PB상품에 있어 중요한 것은 가격이 NB상품보다 싸냐 비싸냐가 아니라 소비자가 느끼는 '절대적인 품질 대비 가격'의 만족도다. 다시 말해 '이 품질에 이 가격이면 충분히 싸다'는 인식을 줄 수 있어야 한다.

오늘날의 소비자는 가격이 저렴하다고 품질이 낮은 상품을 용인하지 않는다. 저렴함은 기본 요건이 되었고, 높은 품질은 선택이 아닌 필수가 된 것이다.

이처럼 가치 중심의 소비 심리를 반영한 새로운 유통 업태가 바로 『도쿄 트렌드 인사이트』에서 소개한 저가 프리미엄 시장이다. 지금의 소비 시장은 '초저가'와 '프리미엄 시장'이라는 두 극단으로 양분되어 있는데, 저가 프리미엄은 이 사이의 간극을 메우는 새로운 영역이다.

저가 프리미엄 시장이란 저가 시장에 속하지만, 기능을 더하거나 디자인을 좋게 혹은 고급 재료를 사용해 만들어 부가가치를 더하고 가격을 높인 제품 및 서비스를 뜻한다. 쉽게 말해 저가 시장 안에서 프리미엄 제품이라고 이해하면 될 것이다. 이러한 새로운

저가 프리미엄 업태인 300엔 숍의 대표 주자인 스탠다드 프로덕트
출처: 스탠다드 프로덕트 홈페이지(standardproducts.jp)

업태가 등장한 이유는 소비자들이 점점 까다로워진 점도 있지만 저가 시장 안에서의 경쟁이 치열해진 점도 한몫한다. 치열해진 경쟁에서 차별화하기 위해 기업은 저가 시장을 다시 세분화하고 블루오션을 찾아낸 것이다.

가장 대표적인 저가 프리미엄 업체는 '300엔 숍'이라고 불리는 유통이다. 2019년 이후부터 세력을 확장하기 시작한 300엔 숍 업태는 물가가 고공행진하는 와중에도 매출이 지속적으로 늘어나고 있다. 엔화 약세로 인해 높아진 수입 물가와 원재료비로 인해 다이소와 같은 100엔 숍의 이익률은 낮아진 반면 300엔 숍의 이익률은 건재하다.

300엔 숍이 빠르게 늘고 있는 이유는 두 가지다. 초저가 일용품 시장인 100엔 숍 업태가 포화되어 경쟁이 격화되었고, 기업들이 새로운 활로를 모색하기 시작하면서 300엔 숍에서 그 답을 찾고 있다. 100엔 숍의 대명사인 다이소도 300엔 제품을 주로 판매하는 쓰리피(THREEPPY)와 스탠다드 프로덕트(Standard Products)라는 브랜드를 만들고 점포 수를 늘리고 있다.

소비자 입장에서도 특징 없는 천 원짜리 물건보다 기능성이 높고 예쁜 3천 원짜리 물건이 가치 있다고 느낀다. 3천 원이지만 만 원 이상의 가치가 있다고 느끼는 물건을 구입하는 것이 품질이 낮은 천 원짜리 제품을 사서 몇 번 쓰고 버리는 것보다 현명한 선택이라고 느낀다.

늘 새로운 매장을 만들다, 쓰리 코인즈

300엔 숍이 인기를 끌고 있는 와중 최근 주목받는 곳은 바로 쓰리 코인즈(3COINS)다.

거품경제 붕괴 직후인 1994년, 오사카 우메다 차야마치의 10평 남짓한 작은 매장에서 시작한 쓰리 코인즈는 당시 100엔 숍이 주류를 이루던 시장에서 차별화를 모색했다.

"같은 100엔으로 경쟁하는 것은 의미가 없다. 100엔으로는 표현할 수 없는 부가가치를 담을 수 있는 가격이 바로 300엔이었다. 이것이 현재까지 브랜드의 핵심 가치로 이어지고 있다."

_쓰리 코인즈 마츠오(松尾) 대표

초기에는 시장에 남아도는 재고를 저렴하게 매입해 판매하는 방식으로 성장했지만, 이후 자체적으로 상품을 생산하는 체제로 전환하며 경쟁력을 강화했다. 상품 기획에 능숙한 인재를 영입하면서 오리지널 상품 개발 역량을 키웠고, 이들이 만든 상품이 인기를 끌면서 쓰리 코인즈는 일본 전역에 340개 이상의 매장을 둔 인기 브랜드로 자리 잡았다. 매출 역시 2022년 490억 엔에서 2023년 631억 엔, 2024년 709억 엔(7,090억 원)을 기록하며 가파르게 성장하고 있다.

흥미로운 점은 쓰리 코인즈는 의류를 만드는 팔그룹(PAL GROUP)이 만든 브랜드로, 의류 및 패션 매장을 운영하던 노하우를 균일가 잡화 시장에도 적용해 성공했다는 점이다.

쓰리 코인즈가 인기를 끄는 가장 큰 이유는 속도감 있는 상품 개발 역량이다. 쓰리 코인즈는 고객이 매장을 방문할 때마다 새로운 발견과 즐거움을 느낄 수 있도록 '늘 새롭고 신선한 매장 만들기'를 지향한다. 거의 매주 신상품이 투입되기 때문에 고객은 방문할 때마다 새로운 상품을 만날 수 있고, 이러한 속도감 있는 머천다이징이 쓰리 코인즈의 가장 큰 강점이다. 현장 경험이 풍부한 전직 매장 직원들이 바이어로 활동하는 점도 특징적이다. 소비자 니즈를

3COINS 전경
출처: 미츠이 쇼핑몰 라라포트 홈페이지

쓰리 코인즈의 상품 기획력이 인기의 요인이다.
출처: 쓰리 코인즈 홈페이지(www.palcloset.jp/3coins/)

누구보다 잘 아는 이들이 상품 기획 단계부터 참여해 시장의 요구를 정확히 반영한 제품을 선보인다.

쓰리 코인즈의 마츠오 대표는 다음과 같이 전한다.

"이건 의류 사업과 마찬가지라고 생각한다. 패션 기업이 운영하는 균일가 잡화 브랜드이기에, 패션 트렌드를 반영하면서도 고객의 불편을 해소하는 상품을 만든다. 이것이 쓰리 코인즈의 핵심 경쟁력이며, 꾸준히 고객의 사랑을 받는 이유다."

그러나 다양한 잡화를 취급하면서 매주 새로운 상품을 개발한다는 것이 결코 쉬운 일은 아닐 것이다. 쓰리 코인즈는 어떻게 매장의 '신선도'를 유지하면서 고객에게 끊임없이 새로움을 제공할 수 있을까?

쓰리 코인즈 매장의 운영 총괄 디렉터는 "매달 약 700SKU(Stock Keeping Unit)의 신상품이 투입되는데, 한 번에 모두 입고되는 것이 아니라 카테고리별로 매주 순차적으로 입고된다"라고 설명한다. 즉, 카테고리별로 정기적으로 상품을 교체함으로써 운영의 부담은 줄이지만 매장 전체적으로는 늘 새로운 상품을 제공할 수 있는 것이다.

이 전략의 핵심은 바로 '4주 MD'다. 이는 모기업인 팔그룹의 어패럴 부문 운영 방식으로, 1개월 주기로 상품을 교체해 재고를 최소화하면서도 신선함을 유지하는 머천다이징 전략이다. 쓰리 코인즈는 의류업의 이 운영 방식을 잡화 업태에 최초로 도입했다.

하지만 잡화는 의류에 비해 품목 수와 카테고리의 수가 많기에 훨씬 복잡한 운영 시스템이 필요하며, 1개월 주기로 상품을 교체하는 것이 결코 쉽지 않다. 실제로 쓰리 코인즈 또한 4주 MD 전략 시행 초기에는 상품 카테고리와 품목 수가 너무 많아 어려움을 겪었다고 한다. 하지만 정기적으로 변화하는 매장 내 제품에 고객들이 뜨겁게 반응하는 것을 보며, 여러 번의 시행착오를 거쳐 4주 MD 전략을 정착시켰고, 이는 쓰리 코인즈의 핵심 경쟁력으로 자리 잡게 되었다. 4주 MD 전략을 통해 쓰리 코인즈는 계절, 이벤트, 트렌드에 민감하게 반응해 빠르게 신상품을 선보이고 있으며, 소비자들의 지속적인 관심과 방문을 유도한다.

이에 더해 쓰리 코인즈 매장의 인테리어와 분위기 또한 여성 고객들로부터 호평받는 이유다. 쓰리 코인즈의 매장은 100엔 숍의 잡화점이라기보다는 세련된 의류 매장처럼 감각적으로 꾸며진다. 쓰리 코인즈의 디렉터는 "같은 300엔 상품이라도 어떻게 보여주고 느끼게 하느냐에 따라 소비자의 구매 심리에 큰 차이를 만든다"라고 강조한다. 즉, 진열 방식, 매장 분위기, 시각적 매력까지 고려한 종합적인 매장 경험을 제공하는 것이 중요하다는 뜻이다.

의류 사업에서 쌓은 경험을 바탕으로 매장 직원들이 직접 운영하는 SNS 계정 또한 쓰리 코인즈 매출 확대에 큰 역할을 하고 있다. 매주 출시되는 다양한 신상품을 직원들이 직접 소개하는데, 실제로 SNS 게시물을 보고 매장을 찾는 고객이 많다. 또한 SNS에서 화제를 모은 상품은 TV 프로그램에 소개될 가능성도 높기에 쓰리 코인즈는 별도의 광고비 없이도 자연스럽게 홍보 효과를 얻을 수 있다. 직원들이 주도하는 SNS 마케팅이 효율적인 바이럴 마케팅 수단이 되는 것이다.

쓰리 코인즈는 소비자들의 뜨거운 호응을 얻으며 빠르게 성장해왔지만 최근 몇 년간 수익성 악화라는 과제에 직면했다. 매장 수와 매출은 꾸준히 증가했지만 2023년 영업이익률이 2.7%로 2021년의 8.1% 대비 크게 낮아졌다. 그 원인 중 하나는 2022년 이후 이어지고 있는 엔화 약세다. 1달러당 115엔 수준이었던 엔화 환율이 2023년 이후 150엔을 넘어서면서 수입 원자재 가격 상승이 불가피해졌다.

이에 쓰리 코인즈는 자사의 가격 정책을 전면 재검토하고 수익성을 분석했다. 분석 결과, 가장 수익성이 높은 제품군은 300엔 균일가 상품이었으며, 전체 매출의 약 40%를 차지하는 300엔 이상의 제품들이 오히려 수익성을 압박하는 것으로 나타났다. 즉, 300엔을 넘어서는 상품들이 실질 가치에 비해 낮은 가격으로 책정되어 있었던 것이다. 이에 쓰리 코인즈는 2024년 5월부터 50여 개 품목의 가격을 인상했다.

여기서 흥미로운 점은 가격을 인상한 품목들의 판매량에 큰 변동이 없었다는 것이다. 예를 들어 스마트워치 '디바이스 밴드 플러스'는 가격을 3,300엔에서 4,180엔으로 인상했지만 판매량은 떨어지지 않았다. 여행용 접이식 가방도 1,100엔에서 1,650엔으로 가격을 올렸지만 여전히 판매가 호조를 보였다. 이는 소비자들이 가격을 인상해도 그만한 가치가 있는 상품이라고 판단했기 때문이다.

가격 인상 후 쓰리 코인즈의 수익성은 개선되었다. 2025년 상반기, 잡화 사업의 영업이익은 전년 대비 78% 증가했으며, 영업 이익률도 개선되었다.

쓰리 코인즈의 가격 인상 사례는 소비자들에게 단순히 저렴한 가격의 제품을 제공하는 것보다 '지불한 가격에 걸맞은 가치'를 제공하는 것이 중요하다는 점을 시사한다. 기업은 가격 경쟁력에만 의존하지 않고 고객의 기대를 뛰어넘는 제품을 제공할 수 있어야 한다. 이러한 제품에 고객은 기꺼이 지갑을 열 것이며 브랜드 역시 지속 가능한 성장을 이어갈 수 있을 것이다.

인플레이션 시대의 승자, '교무 슈퍼마켓'의 SPA 전략

원자재 가격 상승과 엔화 약세가 장기화하면서 일본 가계의 식품 지출 부담이 눈에 띄게 커지고 있다. 이러한 가운데 압도적인 가성비를 앞세워 소비자의 선택을 받는 유통 채널이 있다. 바로 교무 슈퍼마켓(業務スーパー)이다. '교무'는 '업무'를 뜻하는 일본어로, 2000년 설립 당시 소매업이 아닌 도매업자 등 B2B 고객을 대상으로 사업을 했기에 이러한 이름이 붙었다. 그러나 초저가 전략과 독

교무 슈퍼마켓
출처: 교무 슈퍼마켓 홈페이지(kobebussan.co.jp)

자적인 상품 개발력에 힘입어 지금은 개인 소비자 비중이 전체 고객의 약 90%에 달하는 대중적인 슈퍼마켓으로 자리매김했다.

교무 슈퍼마켓에 주목하는 이유는 그 성장세가 놀랍기 때문이다. 일본 소매업의 평균 성장률이 3% 미만에 그치는 데 반해 교무 슈퍼마켓은 지난 7년간 10%가 넘는 성장률을 기록했다. 매출은 2020년 3,200억 엔(3조 2천억 원)에서 2024년 4,890억 엔(4조 9천억 원)으로 증가했으며, 점포 수 또한 동기간 879개에서 1,084개로 늘었다.

이러한 빠른 성장은 '초저가' 전략을 전면에 내세워 충성 고객층

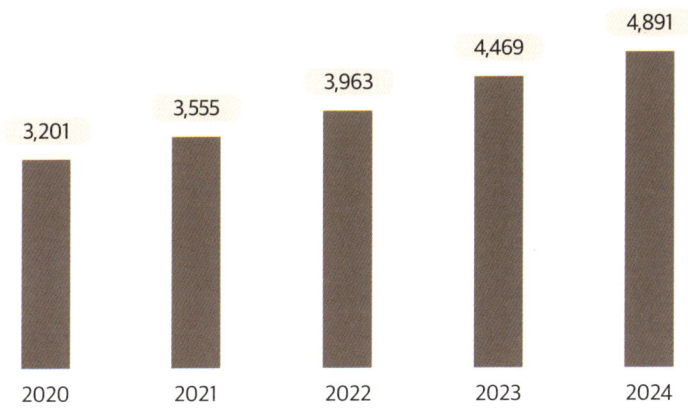

| 교무 슈퍼마켓의 매출액(단위: 억 엔) |

을 확보했기에 가능했다. 교무 슈퍼마켓의 상품 대부분은 일반 슈퍼마켓보다 20~30%가량 저렴하다. 저렴한 가격뿐만 아니라 자체적으로 기획된, 다른 유통 채널에서는 만나기 힘든 제품으로 인해 두꺼운 팬층을 형성하고 있다. 교무 슈퍼마켓은 어떻게 초저가를 유지하면서도 다른 곳에서는 찾아볼 수 없는 독자적인 상품을 만드는 것일까? 이는 교무 슈퍼마켓이 제품의 기획부터 시작해서 생산, 판매까지 모두 진행하기 때문이다.

일본에서는 최근 '식품의 SPA화'라는 말을 자주 들을 수 있다. '식품의 SPA화'는 식품 슈퍼마켓이 상품의 기획부터 제조, 물류, 판매까지 모든 과정을 자체적으로 일관되게 수행하는 비즈니스 모델을 의미한다. 이를 통해 비용 절감, 철저한 품질관리, 고객의 요구사

교무 슈퍼마켓의 인기 상품인 대용량 양갱
출처: 교무 슈퍼마켓

항에 대한 신속한 대응이 가능해진다. 의류 업계에서 SPA(제조 소매업)가 확산된 흐름을 따라 식품 업계에서도 주목받고 있는 비즈니스 모델이다.

교무 슈퍼마켓은 2008년부터 식품 제조업체를 적극 인수, 일본 내 25개 이상의 제조 공장을 보유하고 있다. 일반 슈퍼마켓이 외부 제조사에 PB상품의 생산을 위탁하는 것과 달리 교무 슈퍼마켓은 제조-유통-판매를 일원화, 수직통합을 이루어 가격 경쟁력을 가지고 차별화된 상품을 만들 수 있는 것이다. 예를 들어 교무 슈퍼마켓에서만 살 수 있는 PB상품인 '쉬림프 칠리 솔트' 조미료, 1kg의 대용량 양갱 등을 구입하기 위해 멀리서 찾아오는 고객도 많다. 독창적인 PB상품은 고객 충성도를 높이는 핵심 요인이 되고 있다.

점포의 운영 또한 극단적인 효율성을 추구한다. 매장 내 인테리어는 하지 않으며, 제품을 박스째로 진열하고, 인력 또한 최소한으로 운영한다. 그 덕분에 교무 슈퍼마켓의 판매관리 비율은 식품 유통 업계 평균보다 현저히 낮은 14%를 유지하고 있다. 일반적으로 업계에서 20% 초반이면 효율적으로 관리되고 있다고 여겨지는데, 교무 슈퍼마켓은 이를 훨씬 웃도는 효율적인 운영을 실현하고 있다.

최근에는 AI(인공지능) 기술을 도입해 효율성을 한층 더 강화하고 있다. 오사카 덴가차야역 점포에서는 AI 카메라가 진열대 제품의 품절 여부를 감지하고, 고객의 동선을 분석해 최적의 인력 배치를 자동으로 제안한다. 태블릿이 장착된 스마트 쇼핑 카트, 자동 발주 시스템 등도 도입되어 매장 운영의 정밀도와 효율성을 동시에 높이고 있다.

가장 주목할 점은 교무 슈퍼마켓이 단지 '싸다'는 이유로 선택받는 것이 아니라는 것이다. 교무 슈퍼마켓은 '저렴하면서 동시에 재미있는 쇼핑 경험을 제공하는 곳'이라고 소비자는 인식하고 있다. SNS나 블로그 등에는 '교무 슈퍼마켓에서 구입 후 만족한 BEST 상품', '추천 레시피 조합' 등과 같은 내용의 콘텐츠를 소비자들이 자발적으로 올리며 브랜드의 팬덤을 형성하고 있다. 대용량 중심의 상품 구색, 차별화된 PB상품, 그리고 극단적 효율을 추구하는 저비용 운영 시스템. 이 세 가지 요소는 교무 슈퍼마켓을 인플레이션 시대의 승자로 만들고 있다.

일본뿐만 아니라 한국도 인플레이션이 지속되고 있으며, 소비자들의 절약 지향 의식은 강해져만 간다. 이러한 환경에서 교무 슈퍼마켓과 쓰리 코인즈의 성공이 우리에게 던지는 메시지는 명확하다. '가성비'는 이제 가격만의 문제가 아니다. '저렴함'에 더해 차별화된 상품력과 감성적 체험을 제공하지 않으면 소비자의 선택을 받기 어려울 것이다.

고품질과 저가격을 동시에 잡다, 워크맨의 '극한 효율' 전략

'고품질'과 '저가격'은 양립하기 어려운 트레이드오프(Trade-off, 어떤 것을 얻기 위해 다른 것을 포기해야 하는 상충 관계)라고 여겨진다. 『도쿄 트렌드 인사이트』에서 소개한 적 있는 워크맨(WORKMAN)이라는 의류 브랜드는 이 두 마리 토끼를 동시에 잡아 빠른 성장을 이뤄냈다. 불경기에 더욱 사랑받는 워크맨의 사례는 저성장에 들어선 한국 기업들에게도 참고가 될 것이다. 실제로 최근 한국에서 빠르게 성장하고 있는 작업복 브랜드인 워크업(workup)이 영감을 얻은 곳이 일본의 워크맨이다.

본래 건설 현장 등에서 입는 작업복 브랜드로 시작한 워크맨은 작업복을 생산하며 쌓아온 기술력을 활용해 일반 소비자 시장에 진출했다. 일반 소비자를 위한 '워크맨 플러스', 여성 고객을 겨냥한 '#워크맨 여자' 등의 브랜드를 설립하고 기능성 옷을 저렴한 가격에 제공하자 소비자들로부터 큰 사랑을 받았다. 2025년 기준 일본 전국에 1,150개의 점포를 보유한 거대 체인점으로 성장했으며, 매

フレイムテック(R)
洗えるフュージョンダウン
モンスターパーカー

프레임 테크 기술을 이용한 세탁 가능한 퓨전 다운 몬스터 파커
출처: 워크맨 홈페이지(workman.jp)

출 또한 2019년 670억 엔(6,700억 원)에서 2024년 1,369억 엔(1조 3,700억 원)으로 두 배 이상 증가했다.

 워크맨의 인기 비결 중 하나는 일반 아웃도어 및 스포츠 브랜드에서는 보기 힘든 기능성 소재를 사용한 상품 개발이다. 예를 들어 원단에 구멍이 나도 스스로 회복되는 '리페어 테크(Repair Tech)', 캠핑 시 모닥불과 같은 불꽃에 의한 손상을 줄이는 '프레임 테크(Flame Tech)' 등 독자적인 기술을 적용한 제품이 고객들의 이목을 끌고 있다. 리페어 테크를 적용한 다운재킷은 연간 50만 벌이 판매되는 대히트 상품이다.

 신기술을 잇달아 개발하고 제품에 적용하는 것보다 더욱 놀라운 점은 바로 이러한 상품들의 가격이다. 리페어 테크를 사용한 재킷은 3,900엔(3만 9천 원), 프레임 테크의 다운재킷은 4,900엔(4만 9천 원)이다. 단지 '싸다'는 한마디로 표현하기에는 부족한 놀라운 수준의 가격이다. 대체 어떻게 이렇게 저렴한 가격을 실현할 수 있는 것일까?

워크맨은 원가에 마진을 붙여서 가격을 책정하는 일반적인 가격 설정의 공식을 따르지 않는다. 워크맨은 역으로 가격을 먼저 설정하고 그 가격에 맞추기 위해 무엇을 어떻게 해야 할지를 고민한다. 물론 워크맨이 설정하는 가격은 타 브랜드의 제품보다 반 혹은 그 이하 수준의 가격이다. 가격은 낮추지만 구현하고자 하는 기술과 사양은 한 치의 양보도 허락하지 않는다. 이를 위해 워크맨은 핵심 기술을 제외한 불필요한 사양이나 공정은 과감히 제거한다. 원단, 단추, 지퍼, 봉제 방식 등 세부 요소 하나하나를 철저히 검토해 필요 없는 공정과 부분은 없앤다.

저가격을 실현하는 또 다른 핵심은 '발주력'이라도 불리는 벤더와의 관계다. 워크맨은 제품 개발 후 생산에 들어가기 전에 3개 이상의 벤더로부터 견적을 받아 비교 후 최적의 공급처를 선정한다. 생산은 공장이 한산한 시기에 진행하며, 유행을 타지 않는 디자인을 주로 만들기에 장기 계약이 가능하다. 공장 측에서도 공장의 가동률을 높일 수 있고 장기적인 관계를 쌓을 수 있기에 가격 인하에 응해 협력한다. 이러한 벤더 관리 시스템이 가능한 이유는 창립 이후 40년간 쌓아온 파트너십 덕분이다. 다양한 작업복 아이템을 전문성이 높은 벤더를 활용해 개발함으로써 매번 새로운 기술과 아이디어를 저가격으로 구현해낸다.

흥미로운 점은 워크맨은 별도의 R&D 센터나 디자이너 조직이 없다는 점이다. 대신 현장을 담당하는 실무자들이 고객의 요구를 직접 듣고 필요한 기능을 상품에 반영함으로써 제품을 디자인한다. 예를 들어 한 고객이 "겨울에도 따뜻한 비옷이 필요하다"라는 요구를 전하면, 이 고객에게 필요한 기능성 방한 비옷을 만드는 것이다. 실제로 한 고객의 요구에 따라 생산된 이 비옷은 대히트 상품이 되었다. 또한 "밝은색의 비옷을 만들어달라"는 요청에 따라 제작한 다양한 색상의 비옷은 오토바이를 타는 사람들 사이에서 선풍적인 인기를 얻었다.

"소재 기술의 기획·개발을 주도하는 것은 어디까지나 워크 의류, 아웃도어 의류, 스포츠 의류를 각각 담당하는 사원들이다. 그들이 평소 문제의식을 가지고 고객이 무엇을 필요로 하는지, 그 요구를 실현하려면 어떻게 하면 좋을지를 항상 생각해 상품을 만든다."

_워크맨 제품 개발 부장 가시와다(柏田)

워크맨은 '고품질과 저가격은 양립할 수 없다'는 고정관념을 정면으로 부정한다. 이러한 전략은 단순한 비용 절감을 넘어 기획부터 제조, 유통에 이르기까지 모든 프로세스를 구조적으로 재정립한 결과물이다. '소비자에게 진짜 필요한 것만 남긴다'는 철학과 '정해진 가격 안에서 최고의 제품을 만든다'는 집요함이 만나 워크맨 브랜드의 정체성을 만들어냈다. 작업복이라는 틀을 넘어 이제는 일상복과 아웃도어 의류까지 아우르는 워크맨은 경기 침체와 소비 양극화 속에서도 자신만의 방식으로 '합리적인 고품질'이라는 해답을 제시하고 있다.

가치와 의미를 중시하는
소비자

저성장과 고물가가 이어지면서 소비자들이 가치를 중시하는 소비를 한다는 점은 충분히 이해될 것이다. 그렇다면 고소득층은 어떤 기준으로 소비를 할까? 오늘날의 고소득층은 반드시 고가의 상품만을 고집하지 않는다. 이들 역시 소비의 기준을 '가격'이 아니라 '가치'에 두고 있으며, 제품을 선택할 때 그것이 자신의 가치관에 부합하는지 여부를 중시한다.

즉, 소득의 많고 적음에 관계없이 지금의 소비자들은 '가치'를 중시한다. 다만 고소득자에게 '가치'란 '가격'보다 '의미'에 가깝다고 이해해도 될 것이다. 최근 일본에서 발간된 고액 소비자들의 소비 행태를 분석한 리포트를 살펴보면 이들은 어디에, 어떤 기준을 가지고 소비하는지 이해할 수 있다.

소비는 자신을 표현하는 방식, 가격보다 의미

2025년 5월, 보스턴컨설팅그룹(Boston Consulting Group)이 일본의 고액 소비자를 대상으로 한 소비 행태 리포트를 발표했다. 조사 대상은 연 소득 3천만 엔 이상, 연간 소비액 1천만 엔 이상인 이들로, 원화로 환산하면 연 3억 원 이상을 벌고 이 중 1억 원 이상을 쓰는 '실질 소비 여력'을 지닌 집단이다. 이번 조사가 주목받는 이유는 자산 보유 여부가 아니라 실제 소비 여력을 기준으로 인플레이션 시대를 살아가는 고소득층의 심리를 정밀하게 파악했다는 점에 있다.

조사 결과, 고액 소비자의 80%는 '가격이 비싸더라도 가치가 있으면 구매한다'고 응답했으며, '물가 상승으로 소비를 줄였다'는 응답은 20%에 그쳤다. 이는 소비액이 낮은 집단의 응답과는 정반대의 결과다. 연간 소비액이 1억 원을 넘지 않는 일반 소비자 집단 중 80%는 '물가 상승으로 인해 소비를 자제하고 있다'고 답했으며, '비싸더라도 가치가 있다면 구매한다'는 응답은 20%에 불과했다.

소비액에서도 고소득 소비자는 일반 소비자에 비해 4배 이상의 금액을 소비했으며, 특히 오락·여행·취미 분야에서는 무려 9배 이상의 금액을 소비했다.

그리고 고액 소비자 중 60% 이상은 '익숙한 브랜드를 반복 구매한다'고 답했다. 새로운 브랜드를 시도하는 것보다 자신의 가치관에 부합하는 제품과 서비스를 지속적으로 선택하는 것이다. 이는 일본 백화점이 외상 서비스, 즉 부유층 전담 서비스를 강화하는 이유를 설명해준다. 고액 소비자들에게는 자신의 가치관을 이해하고 맞춤형으로 제품을 추천해주는 파트너의 존재가 매우 중요한 것이다.

BCG의 리포트는 고액 소비자는 구매 행위 자체에 의미를 부여하며 이는 자기를 표현하는 하나의 방식이라고 강조한다. 이들에게 중요한 것은 가격 자체가 아니라 '제품이 주는 가치'와 '자기 정체성과의 조화 여부'이다. 따라서 제품을 선택할 때 기능이나 가격보다 '이 선택을 통해 내가 누구인지 드러낼 수 있는가'가 핵심 기준이 된다. 이들에게 있어 '가격'이란 품질과 소비의 의미를 정당화하는 안심 장치로 작용하기 때문에 다소 높은 가격이 결코 마이너스 요인으로 작용하지 않는다.

고액 소비자는 단지 비싼 제품을 사는 사람이라기보다 소비 행위를 통해 '현재의 나'를 인정하고 삶의 의미를 확인하는 행위로서 소비를 실천하는 사람들이다. 그렇기에 이들은 소비의 시기와 장소에서도 '의미'를 중시한다. 예를 들어 시계와 주얼리 등의 구매는 단순한 물건의 구매가 아니라 '그 순간의 나'를 기념하고 인정하는 정서적 행위다. 무언가의 성취, 기념일, 인생의 전환점 등을 기념하는 감정적인 맥락에서 구매라는 행위가 이루어지는 것이다. 구매 장소 또한 백화점이나 전문점과 같은 고급스럽고 신뢰할 수 있는 환경을 선호하며 개인화된 접객 서비스를 당연하게 여긴다.

이들의 소비 대상은 물건에 국한되지 않는다. 주얼리나 가구 같은 실물뿐 아니라 여행, 예술 체험 등 무형의 경험, 그리고 기념일과 같은 '의미 있는 시간'에도 적극적으로 투자한다. 자연스럽게 가족과의 시간, 라이프스타일 향상, 예술 작품과 같은 대체 자산에 대해 높은 관심을 가진다.

또한 고액 소비자는 브랜드에 대한 높은 충성도를 보인다. 전체 응답자의 62%가 동일 브랜드를 반복해서 구매하고 있으며, 새로운 브랜드를 시도한다는 응답은 22%에 그쳤다. 새로운 브랜드를 접할 때는 적은 금액으로 먼저 제품을 시험해본 뒤 품질에 대한 신뢰가 생기면 본격적으로 구매를 시작한다. 즉, '브랜드와의 관계를 쌓아가는 과정' 자체를 중시하는 것이다. 그렇기에 브랜드 매장 내에서의 '접객' 경험은 매우 중요한 요소로 작용한다. 접객을 포함한 브랜드 경험이 좋을수록 브랜드와의 친밀감이 깊어지고 재구매 가능성도 높아진다. 이들에게 구매는 단발적인 행위가 아니라 브랜드와의 정서적 관계를 심화하는 과정이다. '그 브랜드를 선택한 나의 이야기'가 축적되면서 소비자와 브랜드 간 유대는 견고해진다.

결국 고액 소비자는 단순히 소득이 높아 소비를 많이 하는 사람들이라기보다 삶의 모든 선택에서 방향을 스스로 설정하고 자기표현에 적극적인 사람들이다. 소비는 이들에게 자기표현의 수단이자 정체성을 실천하는 방법이다.

인플레이션 시대에도 고액 소비자는 가격보다 '자신에게 주는 의미와 가치'를 중심으로 소비를 결정한다. 이들의 소비는 물가 상승과 무관하게 유지되며, 브랜드와의 정서적 유대감과 차별화된 경험은 지속적인 구매로 이어진다.

소득이 높아도
PB상품을 삽니다

2023년 출간된 『도쿄 트렌드 인사이트』는 Z세대의 소비 패턴을 설명하며 용어 하나를 제시했다. 바로 '메리하리' 소비다. '메리하리'란 지출할 영역과 절약할 영역을 철저히 구분하는 소비 방식으로, '신축적 소비' 또는 '선택적 소비'라고 표현할 수 있다. 본인이 가치 있다고 느끼는 분야에는 지출을 아끼지 않지만 그렇지 않은 곳에는 극단적인 절약을 추구한다.

이러한 메리하리 소비 행태는 Z세대에만 국한되지 않는다. 연령을 불문하고 많은 사람이 자신이 소중히 여기는 것에는 돈을 쓰고 그 외의 지출은 최대한 억제하는 소비 패턴을 보인다. 소비에서도 선택과 집중의 전략을 실천하는 것이다. 예컨대 고가의 명품 가방에는 과감히 지출하지만, 일상 식사는 편의점 도시락이나 저렴한 배달 쿠폰을 활용해 해결한다. 신차 대신 중고차를 선택하거나 카셰어링 서비스를 이용하면서도, 연 1~2회의 해외여행이나 고급 호캉스에는 기꺼이 비용을 지불한다. 패션에서도 이러한 경향은 두드러진다. 유니클로나 자라 같은 패스트 패션으로 옷을 입되 포인트가 되는 가방이나 신발은 구찌나 프라다 같은 명품 브랜드로 완성하는 식이다.

같은 소비자가 같은 점포를 이용할 때도 상황과 맥락에 따라 소비 기준이 달라지기도 한다. 예를 들어 편의점에서 식품을 구입할 때도 평일에는 가성비 좋은 일반 PB상품을 구입하지만, 주말에는 조금 더 고급화된 프리미엄 PB상품을 구매하는 것이다. 같은 소비자 안에도 상황에 따라 '절약 모드'와 '투자 모드'가 공존하는 것이다.

이렇듯 오늘날 소비자는 자신의 관심도가 낮은 영역에서는 철저하게 가성비를 따지지만, 관심도와 만족도가 높은 영역에선 주저 없이 돈을 쓴다. 이는 단순한 절약이나 과소비의 문제가 아니다. '소비의 선택과 집중'이라는 전략적 판단이다. 무엇을 아끼고, 무엇에 투자할 것인가에 대해 명확한 기준을 세우고, 그 기준에 맞춰 지출할 영역을 선택함으로써 만족도를 높인다.

흥미로운 점은 이러한 '메리하리 소비'가 소비 규모와 상관없이 모든 계층에서 공통으로 발견된다는 것이다. 고소득자 역시 소비를 무조건적으로 확대하지 않는다. 이들도 일상용품이나 생필품에서는 가격을 철저히 비교하며 전략적으로 소비하고 있다.

이러한 흐름은 PB(Private Brand, 자체 브랜드) 시장에서 확인할

이온몰 전경
출처: 이온몰 홈페이지(www.aeonmall.com)

수 있다. 한국의 이마트와 같은 일본의 유통 대기업인 이온(AEON)은 일찍부터 PB상품에 주목, 1974년부터 PB상품 라인을 개발해왔다. 초창기에는 많은 이들이 PB상품에 대해 NB(National Brand) 대비 저렴한 대체제라는 이미지를 가지고 있었지만, 최근에는 중상위 소득층 가족, 특히 파워 커플(맞벌이를 하는, 일정 수준 이상의 경제력을 가진 30~40대 부부를 일컫는 말로 최근 일본 내 주요 소비 주체 중 하나로 부상)에게서 높은 지지를 받고 있다.

"가구 소득이 높다고 해서 항상 고가 제품만을 고집하는 것은 아니다. 자동차처럼 '중요한 것'에는 아낌없이 지출하지만, 식품이나 생활용품에서는 오히려 더 절약하려는 경향이 강해지고 있다. 특히 최근 주거비 부담이 커지면서 고소득 가구일수록 소비를 철저히 분류하고 조절하는 모습을 보인다."

"예전에는 세대별로 같은 TV 프로그램을 보고, 유사한 취향을 공유했지만, 지금은 넷플릭스, 유튜브 등 미디어가 분산되면서 소비 성향도 분산되고 있다. 제품에 대한 니즈 역시 개인화되고 있고, 단순히 연 수입만으로 소비 성향을 예측하기가 점점 더 어려워졌다."

_이온 PB 탑밸류 상품개발본부장 타카하시

이에 이온은 PB상품 개발 전략을 모든 소득층에게 어필할 수 있는 방향으로 전환했다. 과거에는 성별, 연령, 소득 등 인구통계학적 기준에 기반해 제품을 기획했지만 이제는 '가치관'에 기반해 제품을 개발한다. 같은 소비자 안에서도 서로 상반된 소비 기준에 따른 소비 패턴을 보여주는 것이 현실이다. 예를 들어 어떤 영역에서는 절약을 우선시하면서도, 다른 영역에서는 더 비싸더라도 안전하고 맛있는 제품을 선택하려는 경향이 동시에 나타난다. 그렇기에 소득이나 소비액에 따라 고객을 구분하는 방식이 아닌 '가치관'이라는 새로운 기준으로 소비자들에게 소구하기 시작한 것이다.

대표 상품은 주력 상품군 중 하나인 '프리 프롬(Free From)' 시리즈로, 첨가물 사용을 줄여 '안심감'을 강조한 제품들이 소비자들로부터 높은 반응을 얻고 있다. 예를 들어 감자칩의 경우 일반 제품은 95엔, 프리 프롬 제품은 105엔이지만, 판매량은 오히려 프리 프롬 쪽이 더 많다. 이는 '가성비'보다 '가치'를 중시하는 소비자가 많다는 증거다.

이온의 PB 브랜드인 탑밸류는 하나의 제품군 안에서도 소비자의 가치관에 따른 선택지를 다양하게 제시하고 있다. 예를 들어 냉동 브로콜리의 경우 국산 유기농, 수입산, 수입 유기농 등 다양한 조합을 마련하고 용량과 가공 방식까지 세분화해 모든 소비자가 자신의 가치 기준에 맞는 제품을 선택할 수 있게 하고 있다.

"가격이 좀 더 비싸더라도 국산을 선택하는 사람이 있는가 하면, 오가닉이라면 수입산도 괜찮다고 여기는 소비자도 있다. 중요한 건 소비자의 가치관과 라이프스타일에 맞춘 다양한 선택지를 제공하는 것이다."

_이온 PB 탑밸류 상품개발본부장 타카하시

이처럼 다양한 가치관을 반영한 상품 개발은 오랜 시간 PB상품을 기획하고 만들어왔기에 가능하다. 이온은 현재 약 8천 개에 달하는 상품을 출시하고 있으며, 2024년 한 해에만 2,500개 품목을 리뉴얼했다. 고객센터를 통해 접수된 피드백을 제품 개선에 적극 반영하는 프로세스를 정교하게 구축하고 있다.

2024년 기준 탑밸류의 연 매출은 1조 983억 엔(20조 원)에 달하며, 가치관 중심의 마케팅 전략은 이제 '가치관 스코어'라는 정량적 지표까지 활용하고 있다. 이 스코어는 간편성, 건강, 안전·안심,

프리미엄, 미용, 신선도 등 약 100개 항목으로 구성되며, 상품마다 주요 가치관을 태깅하는 방식으로 활용되고 있다. 이를 통해 '이 제품은 건강을 중시하는 소비자가 가장 많이 구매하고, 그다음으로 많은 소비자는 간편성을 추구하는 소비자'라는 식의 데이터 분석이 가능해졌고, 어떤 상품이 어떠한 가치관에 어필할 수 있는지 파악하는 데도 큰 도움이 되고 있다.

앞서 서술한 것처럼 오늘날 고소득층이라 해서 항상 고가 제품만을 선택하지 않는다. 고소득층 소비자 역시 '가격'보다 '가치'를 중심에 둔 소비를 지향하고 있다. 이들은 제품의 가격보다 '자신의 가치관과 얼마나 부합하는가'를 기준으로 소비를 결정한다. '브랜드의 철학' '스토리' '정체성' '감성적 만족' 같은 요소를 고려한다. 고소득층 소비자도 좋아하는 브랜드의 한정판에는 아낌없이 지출하면서도 생필품은 중고 거래 플랫폼을 활용하거나 최저가를 비교해 구매하는 것이다. 그렇기에 PB상품 또한 더 이상 저소득층을 위한 대안이 아니라, 모든 계층이 선택하는 '합리적 소비의 기준'으로 자리 잡고 있다.

이러한 메리하리 소비는 불경기에 더욱 강해지는 경향을 보인다. 자신의 한정된 자원을 어디에 할당할 것인가 꼼꼼히 따지고 판단하기 때문이다. 특히 최근에는 저렴하면서도 품질이 우수한 상품과 서비스가 폭넓게 등장하면서 적은 예산으로도 충분히 만족을 얻을 수 있는 제품들이 많은 것도 그 이유가 된다.

장기적인 저성장과 실질소득 정체, 불확실한 경기 흐름 속에서 소비자의 지갑을 열게 하는 전략은 가격 인하가 아니다. 가성비를 넘어선 가치를 제공하는 제품과 서비스만이 선택을 받는다. 앞으로의 유통과 마케팅 전략은 '누가 더 비싸게 혹은 싸게 파는가'가 아니라, '소득과 무관하게 다양한 가치관을 이해하고 대응하는가'에 달려 있다. 그리고 이 변화의 중심에 '가치'를 중시하는 소비자가 있다.

2장

탈세대(脫世代):
세그먼트 대신 취향

20대 남성을 위한 화장품

40대 여성을 타깃으로 한 건강식품

오랫동안 마케팅의 기본 공식으로 여겨진 것은 '연령별 세그멘테이션(Segmentation, 시장 세분화)'이었다. 소비자를 연령, 성별, 직업 등으로 나누고, 각 그룹의 취향과 니즈에 맞는 제품을 만들고, 이들을 설득할 메시지를 전달하는 것. 한때 이것은 시장을 효율적으로 공략하는 가장 확실한 방법이었다.

그러나 최근 이러한 전통적인 연령별 세그멘테이션에 균열이 생기고 있다. 예를 들어 고기는 주로 젊은 사람들이 좋아하고 고령자들은 육류를 기피한다는 고정관념, 덕질과 팬 활동은 젊은이들의 전유물이라는 생각 등 이러한 통념을 깨는 소비자들이 늘고 있다. 실제로 60대가 아이돌 콘서트 티켓을 예매하고, 10대가 전통 장인 공방을 찾아다니며, 40대가 게임 굿즈를 수집하는 모습은 더 이상 낯설지 않다.

즉, 소비자의 취향과 행동 패턴이 세대의 경계를 넘어 혼합되고 있으며, 연령별 차이가 점차 흐려지는 현상이 발견되고 있다. 이제 소비의 축이 '연령, 세대'에서 '취향, 덕질, 좋아함'으로 넘어가고 있는 것이다.

인구 감소와 고령화가 진행되는 일본 시장에서는 이 변화를 '위기'가 아니라 '기회'로 보고 있다. 한정된 인구 속에서 더 많은 시장 기회를 창출하려면 '세대'라는 울타리를 넘어 한 명 한 명의 '마음'을 정밀하게 읽어야 한다. 나이보다 중요한 것은 '무엇을 좋아하는가' '어떤 가치관을 지향하는가' '어떤 경험에 반응하는가'이다. 연령별 세그멘테이션의 의미가 희박해지는 지금, 기업은 '팬' '취향' '좋아힘' '덕질'과 같은 가치에 주목해야 할 것이다.

이번 장에서는 세대별 경계가 흐려지고 있는 현상과 원인을 설명하고, 이러한 작지만 새로운 트렌드를 읽고 반응하는 기업들의 전략을 탐구한다.

세대 간 경계가 흐려진다

젠더리스(Genderless).

성별의 경계를 허문 상품들이 등장하고 있는 것은 전 세계적인 현상이다. 일본에서도 소매 현장과 상품 개발에 남녀의 벽을 허무는 시도가 확산되고 있다. 2022년 7월, 완구 매장인 토이저러스는 이타미의 매장을 리뉴얼하면서 남녀 성별 구분을 없앴다. 기존에는 '보이즈 캐릭터'와 '걸즈 캐릭터'로 나누어 진열하던 애니메이션 캐릭터 상품을 '캐릭터 완구'로 통일했다. '보이즈 토이'였던 장난감 검과 공구 세트, '걸스 토이'였던 드레스와 헤어 메이크업 세트 등을 모두 아동이 성별에 상관없이 자유롭게 선택할 수 있도록 한 것이다.

유통업체인 마루이 그룹은 자본 업무 제휴를 맺고 있는 패브릭 도쿄(Fabric Tokyo)를 통해 남성 맞춤 정장을 여성 소비자에게도 판매하기 시작했다. 2021년부터는 '올 젠더 스토어'를 표방한 매장을 마루이의 상업 시설 '시부야 모디(渋谷モディ)' 내 개설해 성별 구분 없는 쇼핑 경험을 제안한다. 액세서리에서도 성별에 구애받지 않는 디자인이 늘어나고 있다. 일본의 쥬얼리 브랜드 4℃(욘도씨)는 2021년 10월부터는 젠더리스 브랜드 욘도씨 옴므(4℃ HOMME+)를 론칭하며, 피어싱과 팔찌를 심플하고 미니멀하게 디자인해 성별 관계없이 누구나 착용할 수 있도록 했다.

이처럼 젠더리스는 일시적 유행이 아닌 시대의 감수성과 변화를 반영하는 흐름이다. 이는 일본에만 국한된 현상이 아니라 전 세계적 현상이며, 패션과 뷰티 산업을 넘어 사회 전반에 확산 중이다. 특히 Z세대를 중심으로 최근 성별을 이분법으로 나누는 경향이 흐려지고 있다. 그들은 '여성스러움'이나 '남성다움'보다 '나다움'을 중시하는 경향이 강하다.

이런 변화는 최근 일본에서 주목받는 '소령화(消齡化)'라는 현상과도 맞닿아 있다. 소령화란 연령에 기반한 소비 패턴이 섬섬 희미해지고, 세대 간 구분이 무의미해지는 현상을 말한다. 예를 들어 햄버거나 캐릭터 상품은 20대가 주로 소비하고 좋아할 것이라는 기존 관념이 더 이상 유효하지 않다. 시니어 세대도 디지털 기기를 능숙하게 활용하고 젊은이들처럼 옷을 입는다.

이같은 흐름은 단지 문화적 변화에 그치지 않는다. 제품 기획과 마케팅 전략의 패러다임 전환을 요구한다. 과거에는 연령대에 따른 라이프스타일을 기준으로 상품을 개발하고 마케팅했으나, 이제는 이러한 마케팅 전략이 통하지 않는다. 1인 가구의 증가, 디지털 경험의 확산, 개인화된 소비 성향이 맞물리면서 소비자는 자신의 정체성과 취향을 중심으로 제품과 브랜드를 선택한다.

이는 『트렌드 코리아 2025』에서 제시한 '옴니보어(Omnivore)' 개념과 결을 같이한다. '옴니보어'는 본래 잡식성 동물을 의미하지만, 『트렌드 코리아 2025』에서는 의미를 확장해 다양한 소비를 자유롭게 즐기는 소비자를 지칭한다. 즉, 연령, 성별, 소득, 지역 등 전통적인 소비자 분류 기준에 얽매이지 않고, 개인의 취향과 라이프스타일에 따라 다양한 상품과 서비스를 선택하는 소비 패턴을 나타낸다.

더 이상 소비자들은 '두 아이를 둔 엄마' '혼자 사는 20대 남성'과 같은 단순한 인구통계학적 특성으로 규정되지 않는다. 취향, 성향, 삶의 방식에 따라 브랜드와 제품을 선택한다. 이는 곧 기업이 시장을 바라보는 기준 역시 달라져야 함을 의미한다. 기업들은 이제 새로운 기준으로 시장을 분류하고 제품을 개발하고 마케팅해야 한다.

인구 감소와 고령화로 인해 시장 규모가 줄어드는 지금, 이런 변화는 오히려 새로운 기회가 될 수 있다. 인구 피라미드의 가로축인

| **전통적인 연령별 세그멘테이션(왼쪽)과 취향 및 가치관에 따른 구분(오른쪽)** |

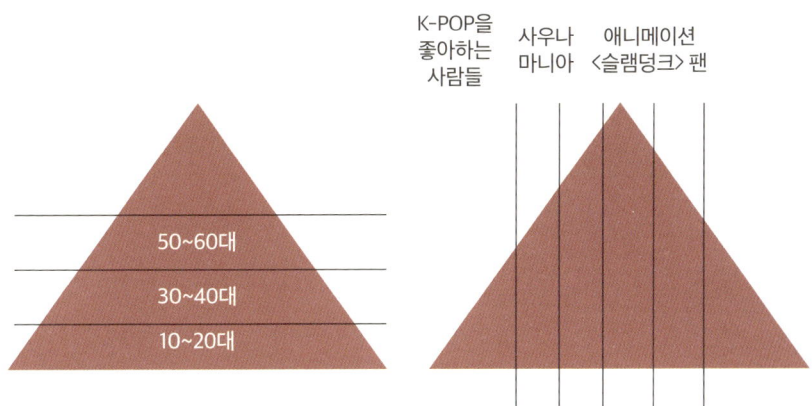

소비자를 구분하는 방식에 변화가 필요한 시점이다.

'연령'을 기준으로 시장을 구분하는 방식에서 벗어나, 라이프스타일, 가치관, 취향이라는 새로운 기준으로 시장을 바라본다면, 인구 감소 시대에 오히려 더 큰 시장을 발견할 수 있다.

| **나이 들어도 덕질하고
햄버거를 먹습니다**

우리는 흔히 연령에 따라 소비 성향이 다를 것이라는 고정관념을 갖고 있다. 예를 들어 "젊은 층은 고기를 좋아하지만, 나이가 들수록 고기를 덜 먹는다"는 식이다. 일부는 실제 데이터에 근거하지만, 이제 이런 관념이 깨지고 있다.

예컨대 "20대는 OOO다" "Z세대는 OOO하다"와 같이 연령이나 세대로 소비자를 구분하고 이해하려는 접근은 오랫동안 마케팅의 정석으로 여겨졌으며, 지금도 많은 기관에서 연령별 분석을 진행하고 있다. 그러나 세대 간 취향과 가치관의 차이가 점점 줄어들고 있다면? 이러한 전통적인 접근 방식이 여전히 유효할까?

최근 일본에서는 다변화하는 사회 속에서 세대론의 한계를 지적하는 목소리가 조금씩 커지고 있다. 소비자를 특정 연령, 직업, 가구 형태로 나누고, 정형화된 페르소나를 만들어 접근하는 마케팅 전략의 효용에 대해 의문을 제기하기 시작한다. 이는 세대 간 가치관의 차이가 줄어드는 현상이 뚜렷하게 나타나고 있기 때문이다. 이제는 '나이 들면 덕질은 멈춘다' '햄버거는 젊은이의 음식'이라는 통념이 점점 무의미해지고 있는 것이다.

예를 들어 일본 애니메이션 영화 〈더 퍼스트 슬램덩크〉가 2023년 개봉했을 때, 어릴 적부터 〈슬램덩크〉를 보면서 자란 현재 30~40대가 주요 관객일 것이라 예상했지만, 실제 관객층은 10대부터 50대까지 폭넓게 분포했다. 한국과 일본을 불문하고 다양한 연령층에게

- 특정 대상(예: 연예인, 취미, 분야 등)에 대해 열정적으로 깊은 관심을 가지고 그와 관련된 것들을 탐구하거나 수집하고, 관련 활동에 참여하는 것을 의미하는 신조어. 일본어 '오타쿠(おたく)'에서 파생된 '덕후'라는 단어에 '무언가를 하는 행위'를 뜻하는 '질'을 붙여 만들어진 말

일본 애니메이션 영화 <더 퍼스트 슬램덩크> 포스터
출처: 에스엠지홀딩스(주)

사랑을 받은 덕분에 〈더 퍼스트 슬램덩크〉의 흥행 수익은 135억 엔(1,350억 원)을 돌파했다. 영화뿐만이 아니다. 일본의 인기 싱어송라이터 아이묭의 CD 전체 판매량 중 무려 75%가 40대 이상 소비자에게서 나온다. 이는 팬 문화나 취향 소비가 특정 세대에 한정되지 않음을 보여준다.

하쿠호도 생활종합연구소는 이러한 흐름을 '소령화'라는 개념으로 설명한다. 수십 년간 일본 사회의 변화를 추적해온 하쿠호도는 세대별 가치관·취향·라이프스타일의 차이가 점점 줄어드는 현상을 발견하고, 이를 '연령의 의미가 희미해지는 사회'라는 뜻의 '소령화(消齡化, 쇼레이카)'라고 명명했다. '소(消)'는 '없어진다', '령(齡)'은 '나이'를 의미한다.

음식을 예로 들어보자. 1992년에는 햄버거를 좋아한다고 응답한 60대가 19.2%에 불과했지만, 2022년에는 49.5%로 크게 늘었다. 같은 기간 20대와 60대의 햄버거 선호도 차이는 40%에서 20%로 절반 가까이 줄었으며, 2032년에는 그 차이가 7%까지 좁혀질 것으로 전망된다. 하쿠호도의 조사에 따르면, 분석한 990개 항목 중 세대 간 선호 격차가 줄어든 항목은 147개에 달하는 반면, 격차가 커진 항목은 17개에 불과했다. 이 경향은 음식뿐 아니라 워라밸, 성평등 의식 등 다양한 사회적 가치관에서도 동일하게 나타난다. 예를 들어 '외국인과 함께 일하는 것에 거부감이 없다' '남성도 육아 휴직을 써야 한다'와 같은 항목에서도 연령별 인식 차이가 점점 줄어들고 있는 것이다.

이러한 소령화 현상의 배경에는 몇 가지 구조적 변화가 있다.

첫째, 우리 삶의 단계와 형태가 더 이상 나이에 고정되지 않는 점이다. 과거에는 연령대별로 정해진 삶의 단계가 존재했다. 대학을 졸업하고 취업을 한 뒤 결혼과 출산, 육아를 거쳐 은퇴하는 전형적인 인생 경로가 사회 전반에 자리 잡고 있었다. 기업들 역시 이를 기준으로 '여대생 타깃' '전업주부 타깃' 등 명확한 연령별 마케팅 전략을 세우곤 했다.

그러나 지금은 이 경로가 점점 희미해지고 있다. 예를 들어 1975년에는 25세에 첫 아이를 출산한 여성이 16%였지만,

2020년에는 29세에 첫 아이를 출산한 여성이 10%에도 미치지 않는다. 같은 40대라 해도 누군가는 지금 결혼을 준비하고 있고, 다른 이는 첫 아이를 막 출산했으며, 어떤 이는 이미 손주와 함께 시간을 보내고 있다. 즉, 같은 나이대라도 인생의 단계는 전혀 다를 수 있는 시대가 된 것이다.

둘째, 장기적인 경기 침체 역시 큰 영향을 미치고 있다. 경제 성장이 멈추고 이른바 '잃어버린 30년'이라 불리는 장기 불황을 경험하면서, 세대 간 소비 환경이나 생활 양식의 차이가 점점 줄어들었다. 과거에는 고등교육의 기회나 정보의 접근성에 있어서도 세대 간 큰 격차가 있었지만, 지금은 20대와 50대 모두 대학을 졸업하고 스마트폰으로 비슷한 콘텐츠를 소비하며, 온라인 커뮤니티에서 같은 정보를 접한다. 인생의 형태와 속도가 세대 간에 극단적으로 다르지 않게 된 것이다.

셋째, 디지털 기술의 확산이 세대 격차를 좁히는 큰 요인의 하나가 되고 있다. 과거에는 부모 세대가 자녀 세대의 유행을 이해하지 못하고 거리감을 느꼈지만, 지금은 자녀와 친구처럼 지내는 부모, SNS에 능숙한 50~60대, 유튜브를 활용한 시니어 크리에이터 등이 자연스럽게 등장했다. 2040년경에는 디지털 환경에 익숙한 베이비붐 세대가 65세 이상 고령층에 진입한다. 앞으로는 노년층조차 디지털 네이티브에 가까워질 가능성이 크다. 이제는 남녀노소를 불문하고 같은 취미를 공유하고, 같은 콘텐츠를 소비하며, 같은 플랫폼에서 소통하는 것이 일상적인 풍경이 되는 중이다.

실제로 이러한 현상은 다양한 소비 영역에서 포착된다. 과거에는 특정 세대나 성별, 소득 수준에 따라 명확하게 구분되던 소비 성향이 이제는 공통의 관심사와 취향을 중심으로 재편되고 있는 것이다. 대표적인 예가 바로 '덕질 소비'다. 아이돌, 애니메이션, 게임 등 특정 대상에 애정을 갖고 시간과 비용을 아낌없이 투자하는 문화는 더 이상 10대 혹은 20대의 전유물이 아니다. 지금은 40대, 50대는 물론 그 이상의 세대까지도 자신이 좋아하는 콘텐츠를 즐기며 덕질의 즐거움을 공유하고 있다. SNS를 통해 같은 덕질을 하는 사람끼리 교류하고 오프라인에서는 카페나 이벤트 공간에서 실제로 만나기도 한다. 이들은 서로의 본명이나 직업, 나이를 모를지라도 'K-POP 팬' 혹은 '에반게리온 팬'이라는 정체성으로 자연스럽게 연결된다.

콘텐츠 소비도 세대 구분 없이 이루어진다. 넷플릭스, 아마존 프라임에서 새로운 작품이 공개되면 10대부터 60대까지 동일하게 접속해서 보고 이야기한다. 흥미로운 콘텐츠 앞에서는 연령이 더 이상 장벽이 되지 않는다. 이제 트렌드는 특정 세대가 아닌 '전 세대적 현상'으로 확산된다.

또한 최근에는 활력이 넘치는 고령층이 눈에 띄게 증가하고 있다. 70세가 넘은 나이에 컴퓨터 프로그래밍을 배우거나 창업에 도전하는 사례도 더 이상 특별한 이야기가 아니다. 이들은 단순히 '나이 든 사람'이 아닌 '새로운 도전을 이어가는 사람'으로 인식된다. 그만큼 '나이'가 지니던 전통적인 의미가 달라지고 있는 것이다.

또한 이들은 '나이답게'보다 '나답게'를 중시한다. '연령에 맞는 소비'에 얽매이지 않고 자신의 개성과 취향에 따라 소비한다. 최신 패션이나 뷰티 제품을 구매하거나 젊은 세대처럼 SNS, 온라인 콘텐츠, 스트리밍 서비스를 적극적으로 이용하는 모습이 늘고 있다.

지금의 60대는 20년 전의 60대와 다르다. 이들은 젊은이들 못지않은 감각과 취향을 자랑하며, 자기 계발을 열심히 하는 이들도 많다.

자, 그러면 이렇게 세대 간 구분이 희미해지는 현상이 소비 시장에는 어떠한 영향을 미치고 있을까?

저출산에도 성장하는
완구 시장

도쿄 시내의 한 장난감 가게를 잠시 방문해보자.

오후 5시가 지나면 정장을 입은 회사원들이 몰려들기 시작한다. 아이처럼 설레는 표정으로 인기 캐릭터의 트레이딩 카드나 영화 〈스타워즈〉에 등장하는 라이트 세이버 같은 상품을 사기 위해 기꺼이 지갑을 연다.

일본 완구 시장은 저출산 흐름 속에서도 최근 수년간 성장세를 이어가며 2023년에는 1조 193억 엔(10조 원)을 돌파했다. 이는 10년 전보다 36% 늘어난 수치로, 같은 기간 15세 미만 아동 인구

키덜트에게 환영받는 장난감
출처: 셔터스톡

가 14% 감소한 것과 대조적이다.

    이 시장을 견인하는 주역은 아이들이 아니라 '키덜트(Kidult)'라 불리는 어른들이다. 아이 같은 감성과 성인으로서의 구매력을 모두 지닌 이들은 트레이딩 카드나 피규어처럼 희소성과 수집 가치를 지닌 상품에 강한 애착을 보인다. 예를 들어 토이저러스는 2023년 10월 교토점에서 '키덜트 전용 코너'를 선보인 뒤 36개 매장으로 확대했다. 판매 상품 수도 5년 전 200~300종에서 현재 1,700종으로 늘었고, 특히 2만~10만 엔(20만~100만 원)의 고가 피규어가 성인 소비자들에게 인기를 끌고 있다.

이러한 현상의 배경에는 연령에 따른 가치관과 취향의 차이가 흐려지는 현상이 자리 잡고 있다. '40대니까 이렇게 해야 한다'는 고정관념에서 벗어나면서 어른들이 장난감을 사는 것에 대한 심리적 장벽이 낮아진 것이다.

이러한 변화는 봉제 인형 시장에서도 나타난다. 2024년 10월, 후쿠시마 단풍 명소를 여행한 것은 사람이 아닌 7개의 봉제 인형이었다. 여행 대행사 '우키우키와쿠와쿠(うきうきわくわく)'는 인형 주인의 의뢰를 받아 명소 투어, 식사, 기념 촬영을 진행하고 약 300장의 사진과 동영상을 SNS에 공유했다. 인형 주인들은 댓글로 반응하며 '둘만의 세계'를 즐겼고, 무려 20회 이상 같은 여행을 반복한 열성팬도 있었다.

봉제 인형은 더 이상 어린이만의 전유물이 아니다. 저출산에도 불구하고 봉제 인형 시장은 성장하고 있다. 일본완구협회에 따르면, 2022년 시장 규모는 약 320억 엔(3,200억 원)으로 10년 새 1.7배 성장했다.

키덜트 소비는 '나이답게 살아야 한다'는 고정관념에서 벗어나 자신만의 세계를 존중하고 감정을 돌보는 하나의 문화로 자리 잡았다. 이제 기업들은 소비자의 '속성'이 아니라 '본질'을 깊이 이해해야 하는 시점에 와 있다. 연령, 성별, 직업 같은 경계가 흐려지고 디지털화가 가속되면서, 다양한 분야에서 SNS를 통해 팬들이 서로 연결되고 교류하는 힘이 크게 강화되고 있기 때문이다.

과거에는 단순히 자사 제품이나 서비스를 많이 구매하는 사람이 '좋은 고객'이었다. 그러나 지금은 브랜드를 열정적으로 지지하는 '팬'이 훨씬 더 중요한 존재가 되었다. 이들은 SNS를 통해 정보를 빠르게 공유하며, 그 열정이 다른 사람들에게도 전염되기 때문이다. 앞으로 기업은 이러한 열혈팬들의 목소리를 적극적으로 수용하고, 그들과 함께 커뮤니티를 만들어가는 것을 당연시해야 할 것이다.

이처럼 세대 간의 경계가 흐려지는 시대에는 연령, 성별, 직업 같은 전통적인 구분 또한 점점 힘을 잃어갈 것이다. 과거의 마케팅이 '누구에게 팔 것인가'를 고민했다면, 이제는 '무엇이 그들의 마음을 움직이는가'를 묻는 접근이 필요하다.

'소령화'는 단순히 고령층이 젊은 층의 소비 방식을 따르기 시작했다는 의미를 넘어, 세대나 집단의 특성보다 개인의 취향과 가치관이 소비의 중심이 되었음을 보여준다. 소비자는 더 이상 연령, 성별, 직업, 지역이라는 틀에 얽매이지 않고, 자신의 라이프스타일과 개성에 맞춰 브랜드를 선택한다.

이러한 변화에 맞춰 기업도 변화를 시도하고 있다. 일본의 3대 편의점 중 하나인 로손(Lawson)은 과거 계산대에서 점원이 고객의 성별과 나이를 버튼으로 기록해 마케팅에 활용했다. 그러나 5년 전 이 버튼을 없앴다. 표면적인 이유는 점원의 업무 부담을 줄이기 위해서였지만, 그 이면에는 '나이와 성별만으로는 소비자의 모습을 제대로 그려내기 어렵다'는 판단이 있었다. 로손의 디지털 마케팅 부서는 대신 자체적으로 정의한 9가지 소비자 유형을 기반으로 고객 니즈를 분석하고 있다.

소비의 새로운 축
취향, 덕질

연령대 간의 차이가 점차 줄어들고 있다면, 세대 혹은 연령을 기준으로 한 인구통계 분석만으로는 소비자를 온전히 이해하기가 점점 더 어려워질 것이다. 하쿠호도 생활종합연구소에 따르면, '성별'이나 '기혼/미혼' 여부를 기준으로 한 분류에서도 소비자의 의식과 가치관 차이가 점차 줄어드는 경향이 나타난다. 다시 말해 그동안 페르소나 설계의 핵심으로 여겨졌던 연령, 성별, 결혼 여부와 같은 항목들로 인한 소비 행동의 차이가 흐려지고 있는 것이다.

그렇다면 앞으로 마케팅은 무엇을 중심에 두어야 할까?

이제는 외형적 속성이 아니라 '가치관'에 기반한, 인간 본질에 가까운 구분 방식이 더욱 중요해지고 있다. 소비자를 하나의 속성으로 단순하게 규정하기보다 개별적 존재로 이해하려는 태도와 인간의 내면을 깊이 관찰하는 접근이 중요하다.

그렇다고 연령이나 세대를 완선히 배제하리는 의미는 아니나. 세대 간 가치관의 격차가 엷어지고 있다고는 해도 특정 세대에서 뚜렷하게 나타나는 성향은 여전히 존재한다. 중요한 것은 같은 연령대 안에서도 다양한 니즈와 취향이 발견되고 있으며, 동시에 세대를 뛰어넘어 공유되는 가치관이 늘어나고 있다는 점이다. 즉, 하나의 가치관이 여러 세대를 관통하며 자리 잡을 가능성이 높아진 것이다.

그렇다면 이러한 현상은 기업과 브랜드에게 위협일까, 기회일까? 결론부터 말하자면, 위기이자 기회다. 나이와 속성과 같은 전통적인 세그멘테이션의 영향력이 크지 않다면 이는 일본 전체 인구를 아우르는 '1억 소비자 시장' 혹은 한국 전체 인구를 아우르는 '5천만 소비자 시장'에의 접근이 가능하다는 뜻이기도 하다.

일반적으로 인구가 감소하면 소비 시장도 작아지기 마련이다. 하지만 가치관이 수렴되면서 세대를 초월한 접근이 가능해지면, 오히려 메가 히트 상품이 탄생할 수 있는 여지가 커진다. 세그먼트를 점점 더 잘게 나누는 대신, 연령을 뛰어넘어 공감할 수 있는 '공통의 감정'과 '공감대'를 중심으로 한 마케팅이 새로운 돌파구가 될 수 있다.

결국 소령화는 연령을 넘어선 '공통의 가치'에 주목하게 만든다. 제품과 서비스 개발에서 가장 중요한 것은 '어떻게 하면 다른 제품과 차별화를 할 수 있을까'이다. 소령화로 인해 연령이나 세대를 초월해 같은 가치관을 공유하는 층이 늘어나는 지금, 함께 즐길 수 있는 제품과 서비스, 그리고 공통의 가치관을 나눌 수 있는 커뮤니티의 존재가 더욱 중요해질 것이다.

최근 일본 유통 업계에서도 이러한 변화된 소비자 특성에 주목한 브랜드 전략이 눈에 띈다. 대표적인 예가 의류 브랜드인 아다스트리아가 대형마트인 이토요카도와 협업해 선보인 패션 브랜드 파운

디드 굿(FOUND GOOD)이다. 이 브랜드는 처음에는 30~40대 가족층을 주요 타깃으로 설정했지만, 실제 판매 데이터를 기반으로 남녀노소 누구나 구매하는 '전 세대 공통 브랜드'로 전략을 확대했다.

실제로 파운디드 굿의 양말, 레그워머 등은 성별과 연령의 경계를 허문 제품으로 전 연령층에서 인기를 얻고 있다. 흡습 발열 기능을 가진 '히트 시리즈'는 기능성과 감각적인 색감으로 10대부터 60대 이상까지 폭넓은 소비자에게 인기를 얻고 있다.

특히 콜라보 굿즈는 세대를 초월해 사랑받는 아이템을 만들기 좋은 전략이다. 파운디드 굿 또한 세서미 스트리트와 협업한 굿즈를 선보이며 연령과 성별을 초월해 '재미'와 '공감'을 제공하고자 한다.

그동안 많은 기업은 인구 피라미드의 가로축, 즉 연령대별 구분을 기반으로 마케팅 전략을 수립하고 상품을 개발했다. 각 세대가 뚜렷한 가치관과 라이프스타일을 지녔다고 가정하고, 연령에 맞춘 제품을 만들고 커뮤니케이션을 진행했다. 그러나 세대 간 차이가 점점 줄어들고 가치관의 경계가 흐려지는 지금, 이제는 연령이라는 기준만으로는 소비자를 이해하기 어려워지고 있다. 특히 인구 감소와 시장 축소라는 구조적 변화가 진행되는 요즘 시대에는 작은 차이를 근거로 세그먼트를 나누기보다는, 오히려 여러 연령대가 공감할 수 있는 공통된 가치나 경험, 즉 '공감대' '공통점'을 중심으로 접근하는 전략이 더 효과적일 수 있다.

그렇다면 연령의 경계를 넘어 소비자들과 공감대를 형성할 수

있는 핵심 요소는 무엇일까? 대표적인 키워드로 오시카츠[推し活, '좋아하는 대상'을 의미하는 '오시(推し)'와 '활동'을 뜻하는 '카츠(活)'를 합친 말로, 자신이 좋아하는 대상에 애정과 지지를 보내는 활동, 즉 '덕질'을 의미]와 '취향'을 들 수 있다. 실제로 최근 '나의 최애'에 몰입하는 덕질 소비와 내 취향을 저격한 제품 및 브랜드에 대한 소비는 늘고 있다. 덕질과 취향은 단순한 소비를 넘어 자기표현의 수단이 되고 있다. 특정 대상을 응원하고 몰입하는 '오시카츠'는 이제 일본 소비문화의 중심으로 자리 잡고 있다.

인구 감소와 가처분소득 부진이라는 구조적인 제약 속에서 취향 기반의 소비는 그 중요성이 더욱 커지고 있다. 특히 좋아하는 것에는 아낌없이 투자하지만, 그렇지 않은 부분에서는 철저히 절약하는 소비자의 모습은 특정 연령층에 국한되지 않는다.

지금 소비자들은 자신의 취향에 딱 맞는 브랜드에는 아낌없이 지갑을 연다. 특히 소셜미디어를 통해 자신의 소비 경험을 공유하는 것이 흔해지면서 자신이 선택한 브랜드에 깊은 애착을 느끼기도 한다. 때로 이들은 특정 분야에 깊이 파고드는 '디깅 소비(Digging Consumption)'의 행태도 보여준다. 단순히 소비하는 것을 넘어서, 제품에 대한 정보와 철학, 제작 과정을 파악하며 마치 전문가처럼 접근한다. 이런 소비자는 자신이 좋아하는 분야에 대해서는 높은 충성도를 보이며, SNS를 통해 적극적으로 공유한다.

소비자들은 가격이 낮다고 무조건 선택하는 것도 아니며 고가라고 무조건 구입하지 않는 것도 아니다. 소비를 결정하는 가장 중요한 기준은 '자신의 가치관, 취향, 그리고 정체성'이다. 이는 스토리와 철학, 감성으로 설득할 수 있어야 함을 의미한다.

이러한 흐름은 사회의 소비 수준이 성숙되었기 때문이다. 고품질이면서도 저렴한 상품과 서비스가 일반화되고, 무료 앱이나 온라인 콘텐츠가 넘쳐나는 시대에, 특별한 취향이 없는 소비는 최소 비용으로 충분히 해결할 수 있다. 따라서 소비자들은 '자신의 즐거움에 어떤 가치를 둘 것인가' '그 소비가 나를 어떻게 표현할 수 있을까'라는 질문을 중심에 두고 소비할 제품이나 브랜드를 선택한다.

내가 좋아하는 것에
돈을 씁니다

앞서 살펴본 것처럼, 지금 세대 간 차이가 점차 줄어들고 있다. 소비자를 연령대나 세대별로 나누어 접근하는 것이 일반적이었지만, 이제는 이러한 인구 피라미드 기반의 '가로 자르기' 방식이 점차 한계를 보이고 있다. 대신 연령과 세대를 초월한 '세로 자르기' 접근법이 더욱 중요해지고 있다.

이는 동일한 세대 안에서도 가치관과 취향이 다양해지고 있기 때문이다. 같은 세대 내에서도 소비 성향은 점점 더 분화되고 있으며, 반대로 서로 다른 세대 간에도 공통의 관심사와 소비 코드를 공유하는 사례가 늘어나고 있다. 결과적으로 연령과 세대를 넘어 특정 가치관을 중심으로 소비자 집단이 형성되는 현상이 나타난다.

이러한 변화 속에서 기업은 '어느 연령대의 소비자에게 팔 것인가'보다 '어떤 세계관과 취향을 가진 사람에게 다가갈 것인가'를 고민해야 한다. 연령을 초월해 함께 즐길 수 있는 제품과 서비스, 그리고 공통의 가치관을 중심으로 한 커뮤니티의 존재는 앞으로 더욱 중요한 자산이 될 것이다.

세대가 아닌 취향을 저격하다, 쓰리 코인즈

1장에서 소개한 '저가 프리미엄 시장'의 대표 주자인 쓰리 코인즈(3COINS)는 '300엔 숍' 중에서도 최근 가장 빠르게 성장하고 있는 브랜드 중 하나다. 인기의 비결 중 하나는 바로 '세대 타깃을 지나치게 좁히지 않는 상품 개발' 전략에 있다.

일반적으로 마케팅에서는 소비자의 특성과 성향을 세밀하게 묘사한 페르소나(persona)를 설정하고, 이를 기반으로 전략을 세우는 것이 정석처럼 여겨져 왔다. 그러나 쓰리 코인즈는 이와는 정반대의 접근을 택한다.

"라이프스타일이 다양해졌기 때문에 굳이 대상을 너무 좁게 설정하지 않기 위해 강하게 의식하고 있다."

_쓰리 코인즈 브랜드 디렉터 히고(肥後)

요즘 소비자는 SNS와 인터넷을 통해 연령과 상관없이 자신의 취향에 맞는 정보를 자유롭게 획득하고, 동일한 관심사를 공유하는 사람들과 연결된다. 과거처럼 '주변의 또래'나 '자신이 속한 세대'가 주된 정보원이던 시대는 이미 지났다. 그만큼 세대 간 차이는 좁혀지고, 관심사 중심의 네트워크가 강화되고 있다.

쓰리 코인즈도 기본적으로는 '30대 여성의 라이프스타일'을 기반으로 제품을 기획하지만, 이를 엄격하게 제한하지 않고 일부러 느슨하게 접근한다. 이러한 유연성 덕분에 다양한 세대와 라이프스타일을 아우르며 폭넓은 고객층에게 어필할 수 있다.

그렇다면 쓰리 코인즈는 어떻게 제품을 기획할까? 브랜드가 집중하는 것은 '세대'가 아니라 사내 약 20명에 달하는 바이어들의 '취향'이다. 여기서 바이어란 상품 조달과 기획을 담당하는 멤버를 뜻하며, 쓰리 코인즈의 모든 상품은 이들의 취향에서 출발한다. 이들이 직접 아이디어를 제안하고, 기획부터 실행까지 전 과정을 주도해 최종 상품을 완성한다. 이 과정에서 브랜드 메시지인 '당신의 작은 행복을 돕는다'라는 철학을 의식하며, 각자의 취향과 열정에 맞는 기획 아이디어를 낸다.

예를 들어 사우나에 깊은 애정을 가진 바이어는 일본의 대표 사우나 포털 사이트인 사우나이키타이(サウナイキタイ)와 협업해 사우

쓰리 코인즈가 기획한 사우나 팬들을 위한 굿즈
출처: 쓰리 코인즈 홈페이지(www.palcloset.jp/3coins)

나 매트, 모자, 수건 등 실용성과 디자인을 겸비한 상품을 기획 및 출시했다. 하라주쿠 매장에서는 '사우나'를 테마로 한 이벤트 공간도 운영하며, 취향 중심의 커뮤니티 마케팅을 실현했다. 결과적으로 사우나라는 취향 하나로 연령과 성별을 가리지 않고 폭넓은 고객층을 확보할 수 있었다.

> "지금은 덕질 라이프가 당연시되고 있지만 쓰리 코인즈는 일찍이 '덕질'과 '오타쿠 문화'에 주목해왔다."
> _쓰리 코인즈 브랜드 디렉터 히고

오랫동안 소비자 세분화(Segmentation, 세그멘테이션)의 기본으로 여겨졌던 '인구통계학적 기준', 즉 연령, 성별, 수입, 가족 구성 등은 점차 효용을 잃고 있다. 정보와 취향이 다변화된 오늘날, 같은 세대라고 해서 동일한 콘텐츠를 소비하지 않고, 소비 결정 역시 단순히 소득이나 나이에 의해 결정되지 않는다.

이제 마케터가 집중해야 할 대상은 '20대 여성' '40대 기혼 남성'이 아니라, '어떤 세계관을 공유하고, 어떤 관심사를 중심으로 몰입하는 소비자인가'이다. 바로 덕질, 취향, 오시카츠 같은 공통된 감정의 접점과 취향의 커뮤니티를 겨냥한 전략이 중요한 시대다. 쓰리 코인즈는 이러한 변화를 누구보다 빠르게 읽고, 페르소나 중심의 마케팅에서 취향 기반 마케팅으로 전환한 대표 사례라고 할 수 있다.

취향 기반 커뮤니티가
소비를 움직인다

최근 일본 광고회사 하쿠호도는 시부야109(SHIBUYA109) 엔터테인먼트 산하 마케팅 조직인 시부야109 랩(SHIBUYA109 lab.)과 공동으로 보고서 〈퓨처 에반젤리스트 리포트(Future Evangelist Report) Vol.3 – 동네 소비〉를 발표했다. 이 보고서는 Z세대를 중심으로 한 SNS 기반 커뮤니티 소비 행태, 즉 '카이와이(界隈)'라는 새로운 소비 단위에 주목하고 있다.

'카이와이'는 최근 젊은 세대 사이에서 자연스럽게 형성되고 있는 느슨하지만 밀도 높은 커뮤니티를 의미한다. 지역, 연령, 성별과 같은 기존의 인구통계학적 기준이 아니라, 개개인의 '좋아함'과 '취향'을 중심으로 형성되며 SNS를 통해 서로 연결되고 독자적인 세계관을 만들어간다.

'카이와이'는 단순히 관심사를 공유하는 것을 넘어 문화와 세계관을 공유하는 더 끈끈한 커뮤니티다. 예를 들어 '음악'이라는 장르 안에서도 K-POP, 언더 아이돌, 라이브 하우스 등 세부 장르마다 각각의 카이와이가 존재하며, 패션, 미용, 게임, 취미 분야에서도 다양한 카이와이가 형성되고 있다.

보고서는 일본 소비 행태의 변화를 시계열적으로 정리하며, 소비 패턴이 어떻게 진화해왔는지를 보여준다. 1950~1970년대는 모두가 같은 것을 소비하던 '대중의 시대'였고, 1980~1990년대에는 자신에게 맞는 브랜드나 미디어를 선택하는 '선택의 시대'로 발전했다. 2000년대 이후에는 개성과 취향이 뚜렷해진 '개인의 시대'로 나아갔으며, 현재는 그 개인의 취향이 SNS를 기반으로 한 커뮤니티로 연결되며 새로운 소비 생태계를 형성하고 있다.

카이와이라는 용어는 원래 서브컬처를 좋아하는 일부 사람들 사이에서 사용되기 시작했으나, 2020년대에 들어서면서 일반 대중에게까지 널리 퍼지게 되었다. 이러한 확산에는 두 가지 주요한 사회적 배경이 작용하고 있다.

첫 번째는 SNS에서의 알고리즘 진화다. 현재 SNS는 이용자 개인의 관심사나 행동 데이터를 바탕으로, 그 사람에게 맞는 정보와 사람들을 자동으로 추천해주는 기능이 매우 정교해졌다. 사용자는 더 이상 스스로 관심사를 찾아다니지 않아도, '좋아요'를 누르거나 공유한 콘텐츠를 바탕으로 비슷한 취향의 사람이나 콘텐츠를 자연스럽게 접하게 된다. 실제로 '카이와이'에 대한 인터뷰에서도, SNS를 통해 같은 관심사를 가진 사람을 우연히 발견하고 그들과의 관계를 통해 자신이 속할 수 있는 '카이와이'를 인식하게 되었다는 사례가 많았다. 이러한 흐름 속에서, 이름조차 붙여지지 않았던 취향 공동체나 느슨한 그룹들이 가시화되었고, 사람들은 자신이 그 안에 속해 있다는 소속감을 얻게 되었다.

둘째, 코로나19 팬데믹으로 인한 생활 환경 변화다. 팬데믹 이후 사람들의 일과 학습, 여가 방식이 다양해지면서, 주변 시선이나 의무적 관계에 얽매이지 않고 자신이 원하는 방식으로 살아가려는 경향이 강해졌다. 억지로 인간관계를 유지하기보다는 마음이 맞는 사람들과만 연결되기를 원했고, SNS가 이러한 연결을 가능하게 했다. 하쿠호도가 진행한 설문 조사에서도 '친구는 많을수록 좋다'는 응답은 코로나19 이후 감소한 반면, '언론보다 지인의 정보를 신뢰한다'는 응답은 증가했다. 이는 사람들이 '폭넓은 인간관계'보다 '소수와의 깊은 관계'를 선호한다는 것을 의미한다.

이러한 변화 속에서 '카이와이'는 같은 것을 좋아하는 사람들의 모임에 그치지 않고, 비슷한 문화나 감성을 공유하며 서로에 대한 공감을 바탕으로 느슨하게 연결된 공동체다. 특히 이 개념은 엄격하거나 폐쇄적이지 않기 때문에, 해당 장르나 주제를 '적당히 좋아하는' 정도의 사람들도 쉽게 소속감을 느낄 수 있다는 점에서 '개인의 시대'에 잘 맞는다. 사람들은 그때그때 자신의 관심이나 기분에 따라 거리감과 참여 수준을 조절할 수 있는 유연한 관계를 선호하게 되었고, '카이와이'는 그런 욕구를 충족시켜주는 이상적인 집단 형태로 자리 잡게 된 것이다.

카이와이는 소비에도 큰 영향을 미친다. 커뮤니티 내에서 상품이나 서비스가 공유되고 추천되며 화제가 된 제품이 SNS를 통해 빠르게 확산되고 다른 카이와이에도 영향을 미쳐 새로운 소비를 유도한다. 최근 일본에서는 "○○ 카이와이에서 인기!"라는 한 줄의 문구만으로도 제품에 대한 인식이 바뀌고 관심을 끄는 사례도 늘어나고 있다.

보고서는 이러한 흐름에 대응하기 위한 새로운 마케팅 접근법도 제시하고 있다. 기존 마케팅이 성별, 연령, 소득 등을 기반으로 '페르소나'를 설정했다면, 카이와이 마케팅은 먼저 자사 브랜드와 연관성이 있을 법한 카이와이를 '발견'하는 것에서 출발한다. 상품이나 서비스를 일방적으로 내세우는 방식이 아니라, 이미 존재하는 소비자들의 활동과 문화, 그리고 그들이 무엇을 원하는지를 제대로 이해하고 그 맥락에 맞는 자연스러운 언어로 소통하는 방식이 더욱 중요해지고 있다.

그다음 단계는 그 커뮤니티의 감각과 고민을 이해하고, 이들이 더욱 즐겁고 편안하게 소비할 수 있도록 제품이나 콘텐츠를 기획해 자연스럽게 브랜드 인지도를 높이는 것이다. 나아가 연관성 있는 다른 카이와이로 확산되면서 브랜드의 접점은 점차 넓어진다.

카이와이 소비는 UGC(User Generated Content), 즉 사용자 생성 콘텐츠와 밀접하게 연결된다. 리뷰, 언박싱 영상, SNS 추천, 패러디 영상 등이 커뮤니티 내에서 공유되고 재생산되며 소비를 견인하기 때문이다. 따라서 브랜드가 카이와이 마케팅을 통해 얻는 것은 숫자로 드러나는 매출 그 이상이다. 커뮤니티 안에서의 신뢰, 그리고 공유된 세계관을 함께 구축하는 지속 가능한 관계다.

결국 나이와 성별, 지역 같은 표면적인 구분으로 소비자를 이해하기에는 부족하다. 브랜드가 진정으로 소구해야 할 대상은 자사와 같은 감각과 취향을 공유하는 '카이와이'에 속한 사람들이다. 그리고 그들이 속한 커뮤니티를 이해하고, 그들의 언어로 말하며, 그들의 문화를 존중할 때 비로소 브랜드는 공감과 충성도를 얻게 된다.

카이와이는 새로운 시대에 등장한 소비의 변화를 이해하는 시작점이 될 수 있다. 그리고 이 변화에 제대로 반응하는 브랜드만이 앞으로의 시장에서 의미 있는 관계를 만들어갈 수 있을 것이다.

누군가를 응원하는 마음이 지갑을 엽니다

　물가가 오르면서 소비가 위축되는 경향이 나타나고 있다. 그렇다고 해서 소비자들이 아예 지출을 멈춘 것은 아니다. 물론 경기 침체 상황에서는 '가성비'가 여전히 중요한 기준으로 작용한다. 하지만 젊은 층의 소비 패턴을 살펴보면 가성비만으로는 설명되지 않는 소비 양상이 존재한다. 이들은 자신이 좋아하는 분야나 취향에는 주저 없이 지갑을 연다. 즉, 소비자들은 단순히 돈을 아끼는 것이 아니라 '어디에, 어떻게' 지출할지를 더욱 신중하게 선택하고 있는 것이다.

　대표적인 사례가 '오시카츠(推し活)'다. 이는 자신이 응원하고 싶은 인물, 캐릭터, 상품 등에 애정과 지지를 적극적으로 보내는 활동을 말한다. 최근에는 연예인을 넘어 음식점, 브랜드, 지역 상품 등으로 영역이 확대되며, 자신만의 취향과 가치관을 표현하는 방식으로 자리 잡았다.

　하쿠호도가 2024년 2월 발표한 〈오시노믹스 리포트〉에 따르

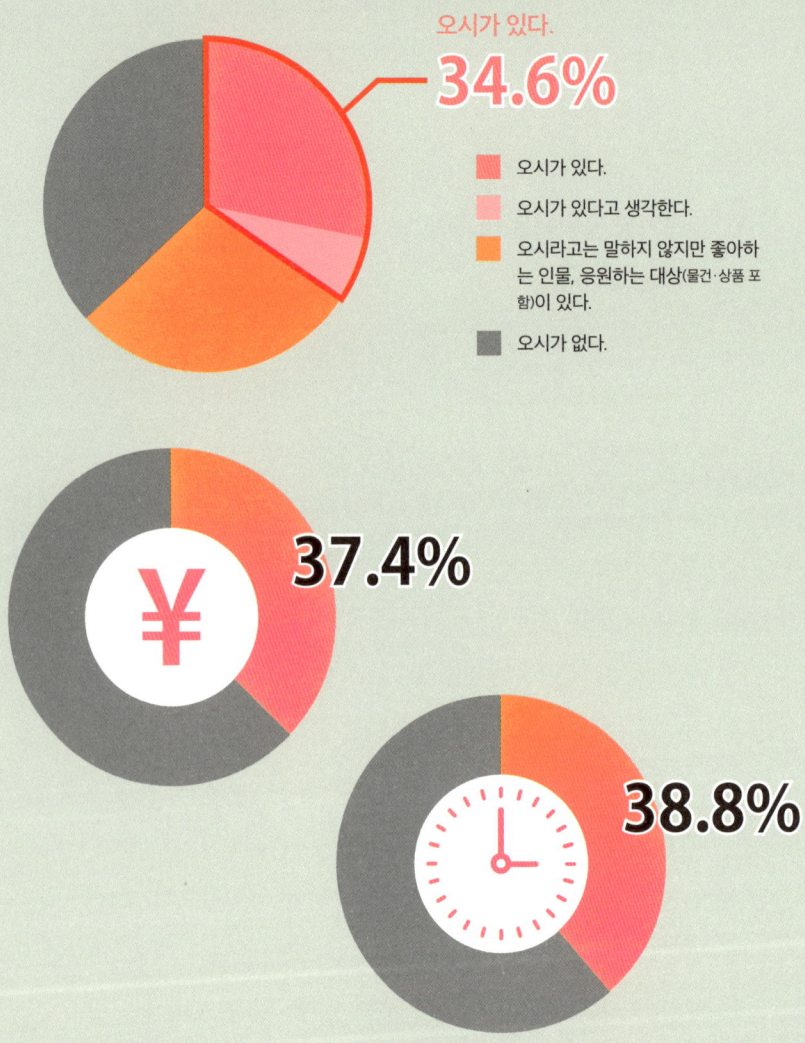

| 10~69세 1,380명 오시카츠 관련 설문 조사 결과 |

오시가 있다.
34.6%

■ 오시가 있다.
■ 오시가 있다고 생각한다.
■ 오시라고는 말하지 않지만 좋아하는 인물, 응원하는 대상(물건·상품 포함)이 있다.
■ 오시가 없다.

37.4%

38.8%

일본인 3명 중 1명이 '오시'를 갖고 있고, 소득의 37.4%와 여가시간의 38.8%를 오시카츠에 쏟고 있다.

출처: 하쿠호도, <오시노믹스 리포트>

면, 일본인 3명 중 1명은 '오시(推し, 좋아하는 대상)'가 있다고 답했다. 이들은 가처분소득의 37%와 여가 시간의 38% 이상을 오시카츠에 투자한다.

노무라종합연구소의 조사에 따르면, 오시카츠는 단순한 취미를 넘어 개인의 행복감 향상에도 기여한다. 오시카츠를 즐기는 사람은 그렇지 않은 사람보다 행복도가 더 높았으며, 자신이 지지하는 대상을 통해 타인과 연결되면서 '사회적 욕구'를 충족하고, 자신의 응원이 주목받을 때 '승인 욕구'도 만족된다. 즉, 좋아하는 것을 응원하는 행위는 단순한 즐거움을 넘어 자존감과 소속감을 높이는 정서적 활동으로 자리 잡고 있는 것이다.

> "'좋아함'이 경제를 움직인다. 반려동물뿐만 아니라 아이돌, 여행, 스포츠 등 사람이라면 누구나 좋아하는 것, 좋아하는 물건이 있다. 젊은 사람들이 그곳에 집중해서 돈을 쓰는 경향이 강한 것 같다."
>
> _마루이 그룹 아오이(青井) 대표

일본 경제가 활황이던 1980년대와 현재의 소비 패턴은 큰 차이를 보인다. 당시 젊은이들은 드라마나 영화 속 주인공처럼 좋은 차를 몰고 고급 호텔에 머물며, 신상 브랜드 옷을 구매하는 등 물건 중심의 소비를 즐겼다. 그러나 현재 20대가 자동차에 지출하는 비율은 1992년 27.8%에서 2022년 7.8%로 크게 감소했다. 대신 이들은 경험과 취미에 지출을 늘리고 있다. 일본 소비자청(消費者庁)의 조사에 따르면, 2021년 기준 10대 후반과 20대 소비자의 16% 이상이 뮤직 페스티벌이나 팬미팅 등의 이벤트에 의식적으로 참여하고 있다고 답했다.

버블기의 젊은이들은 자동차나 브랜드 제품을 구매하는 '모노(물건) 소비'를 중시했다면, 지금의 젊은 세대는 참여형 이벤트 등 '순간 소비'(トキ消費, 한정된 시간과 장소에서만 맛볼 수 있는 경험을 소비하는 것을 의미)를 중시하고 있다. 세상의 많은 것이 디지털로 옮겨가고 있음에도 불구하고, 실제 경험을 원하는 사람들 또한 늘고 있다. 경험 중에서도 특정한 장소에서 특정한 시간에만 느낄 수 있는 흥겨움을 즐기고 싶어하는 욕구 또한 늘고 있는 것이다.

지금의 젊은이들이 부모로부터 받는 용돈은 1990년대에 비해 30% 줄었지만, 아르바이트로 벌어들이는 수입은 늘고 있다. 그리고 많은 학생이 늘어난 수입의 대부분을 물건 구매보다는 취미 활동과 오시카츠에 지출하고 있다. 전국대학생활협동조합연합회의 조사에 따르면, 2023년 학생들의 교양·오락비는 월 1만 2,840엔으로, 버블기 최고치였던 1992년 수준을 회복했다. 반면 주거비와 식비, 의류비 등의 지출은 상대적으로 감소했다.

오시카츠는 더 이상 특정 세대의 전유물이 아니다. 일본 시니어 여성 대상 잡지인 '하루메쿠(halmek)'가 2024년 실시한 조사에 따르면, 50대 이상 여성의 46.1%가 '오시(推し, 응원하는 대상)가 있다'고 답했으며, 1인당 연간 평균 지출액은 10만 엔(100만 원)을 넘어

섰다. 이들이 응원하는 대상은 아이돌, 배우, 운동선수 등 다양하며, 응원 대상은 물론 응원의 방식도 다양해지고 있다. 결국 '좋아함'이라는 감정은 세대를 넘어 모든 연령층을 관통하는 새로운 소비의 중심축으로 자리 잡고 있다.

이러한 흐름에 발맞춰 업계 전반에서도 오시카츠를 마케팅 전략으로 적극 도입하고 있다. 예를 들어 미쓰비시UFJ은행은 반다이 남코 엔터테인먼트와 협업해 인기 아이돌 캐릭터를 자사 모바일 앱에 도입할 예정이다. 금융이라는 전통적이고 딱딱한 영역에 캐릭터를 접목시켜 젊은 세대의 관심을 끌려는 전략이다. 이온은행은 '서브컬처 론'이라는 이름의 이색 대출 상품을 출시했다. 콘서트 원정, 굿즈 구매, 티켓 구입 등 팬 활동 자금을 목적으로 사용할 수 있는 이 상품은 최대 700만 엔(7천만 원)까지 대출이 가능하며, 실제 이용자의 약 70%가 오시카츠 관련 활동에 자금을 활용하고 있다.

일본의 철도 회사들도 오시카츠 트렌드를 주목한다. JR 도카이는 2023년부터 '오시타비(推し旅, 팬 여행)'라는 관광 캠페인을 본격 전개하고 있다. 이 캠페인은 인기 애니메이션이나 아티스트와의 협업을 통해 팬과 지역을 연결하고 있다. 대표적인 예로 누마즈시는 애니메이션 〈러브 라이브! 선샤인!!〉의 실제 배경이 된 지역으로, 작품에 등장하는 장소들을 직접 방문하는 '싱지순례'를 통해 팬들을 끌어모았다. 특히 애니메이션의 세계관을 현실 공간에 접목한 테마 장식과 스탬프 랠리 등을 마련해 약 3만 명의 팬을 지역으로 유치하는 데 성공했다.

JR 도카이의 '오시타비' 관광 캠페인
출처: JR 도카이 홈페이지(recommend.jr-central.co.jp/oshi-tabi)

　최근 일본에서는 자신이 좋아하는 아티스트나 브랜드를 응원하는 '오시카츠'를 보다 간편하게 실천할 수 있는 서비스들이 빠르게 확산되고 있다. 저렴한 비용으로 응원 광고를 게재하거나, 응원 활동에 따라 포인트로 보상받는 시스템이 대표적이다.

　예를 들어 일본 여행 중 편의점이나 역에서 흔히 볼 수 있는 휴대폰 충전 스테이션 차지 스폿(CHARGE SPOT)은 최근 '치어스폿 CheerSPOT(チアスポット)'이라는 서비스를 시작했다. 모바일 충전기를 대여하는 스탠드의 디지털 사이니지(전광판)를 활용해, 개인이 손쉽게 응원 광고를 송출할 수 있도록 한 것이다. 전용 웹사이

차지 스폿에서 제공하는 치어스폿 서비스
출처: CHARGESPOT.JP

트에서 응원할 아티스트를 선택하고, 미리 준비된 이미지, 광고 위치와 시간을 설정하면 된다. 가격은 462엔(4,600원)부터 시작하며 약 4만 5천 곳에 달하는 디지털 사이니지 네트워크에서 원하는 장소를 선택한다. 팬은 적은 비용으로 광고를 게재할 수 있고, 수익의 일부는 아티스트 측에 환원된다.

    이러한 팬 광고 문화는 원래 한국에서 시작되었다. 아티스트 생일에 맞춰 지하철역 등 공공장소에 광고를 게재하는 방식으로 알려졌고, 현재 일본에서도 점차 확산되고 있다. JR 동일본기획에 따르면 2023년 기준 일본의 응원 광고 시장 규모는 약 377억 엔(3,700억 원)에 이른다. 기존의 응원 광고는 비용이 많이 들고 허가 절차도 까다로워 진입 장벽이 높았다. 최근에는 인포리치(INFORICH) 같은 기업이 누구나 쉽게 참여할 수 있는 시스템을 제공하면서 팬들의 진입 장벽이 낮아지고 있다.

오시카츠는 아티스트나 애니메이션 캐릭터 등 지적재산(IP)을 넘어서 화장품, 생활용품 등 일반 소비재 분야로도 확장되고 있다. SNS 동영상 마케팅 스타트업 NEL이 운영하는 앱 '오시나(osina)' 서비스는 소비자가 자신이 좋아하는 상품을 SNS에 소개하면 보상을 제공한다. 브이로그(Vlog) 문화와 결합해 소비자가 애정하는 브랜드를 자연스럽게 홍보하고, 기업은 이를 마케팅 자산으로 활용하는 구조다. 자발적인 콘텐츠 생성(UGC)을 통한 입소문은 열정과 진정성이 담겨 있어, 브랜드 마케팅에도 큰 시너지를 낸다.

소니은행은 2024년 7월 NFT(Non-Fungible Token, 대체 불가능한 토큰, 블록체인 기술을 기반으로 만들어지며 디지털 자산의 소유권을 증명하는 데 사용) 굿즈를 즐길 수 있는 모바일 앱을 출시했다. 소니뮤직 소속 아티스트의 NFT 굿즈를 수집하고 전시할 수 있으며, 가상의 방 꾸미기나 다른 이용자의 컬렉션 감상 기능을 제공한다. 콘서트 참여 횟수나 미션 달성에 따라 NFT 굿즈를 모으면 추가 혜택을 받을 수도 있어, 그저 소장하는 데 그치지 않고 자신이 얼마나 아티스트를 지지해왔는지를 시각적으로 표현할 수 있다.

흥미로운 점은 이러한 서비스들이 단지 팬층만을 겨냥하지 않았다는 것이다. 소니은행은 외화예금, 주택담보대출에 강점이 있는 전통 금융기관이지만, NFT를 통해 젊은 고객층과의 접점을 넓히고 있다. 처음에는 무료로 NFT를 배포해 관심을 유도한 뒤, 향후 결제 기능 및 금융 서비스를 연계해 자사의 고객으로 만들려는 전략이다.

코로나19로 주춤했던 오시카츠 시장은 다시 활기를 되찾고 있다. 야노경제연구소는 2023년 애니메이션·아이돌 중심의 오타쿠 시장 규모가 8천억 엔(8조 원)을 넘어설 것으로 전망한다. 특히 최근 몇 년간의 임금 인상으로 젊은 세대의 오시카츠 지출 여력이 확대된 것도 시장 성장의 주요 요인이다.

2024년 일본은행이 발표한 〈사쿠라 리포트(지역 경제 보고서)〉에서도 "젊은 세대의 오시카츠 수요는 왕성하며, 관련 상품의 판매도 호조를 보이고 있다. 이들은 지출을 아끼지 않는 경향이 뚜렷하다"라고 전한다.

단순한 팬 활동을 넘어 자신의 취향과 정체성을 표현하고 사회적 연결을 강화하는 수단으로 자리 잡은 오시카츠. 그 경제적 영향력은 앞으로도 더욱 커질 것으로 보인다.

여태까지 살펴본 오시카츠, 카이와이 소비, 취향 소비 등은 모두 '좋아하는 마음'을 중심으로 한 감정적 연결이 강력한 소비 동기로 작용하고 있음을 보여준다. 소비자의 감성을 존중하고 이를 세심하게 반영한 마케팅은 제품이나 서비스에 대한 충성도를 높인다.

오시카츠 마케팅은 단순히 '팬의 마음을 사는 것'에 그치지 않는다. 브랜드가 팬의 세계관 속에 자연스럽게 스며들도록 설계해야 한다. 이를 위해서는 일회성 협업에 그치는 것이 아니라, 소비자가 '갖고 싶다' 혹은 '참여하고 싶다'는 욕구를 불러일으키는 기획력이 필요하다. 기존의 마케팅이 상품이나 기능 중심이었다면, 오시카츠 마케팅은 '의미 중심'이다. 제품의 우수성을 나열하는 대신, 그 제품이 소비자가 좋아하는 세계와 어떻게 감정적으로 연결되는지를 함께 이야기하는 방식이다.

무엇보다 중요한 것은 브랜드가 팬의 '삶의 일부'가 되는 것이다. 앞으로의 마케팅 전략은 오시카츠를 단순한 일시적 유행이 아닌, 팬심과 커뮤니티에 기반한 지속 가능한 관계 형성으로 바라봐야 한다. 소비자가 브랜드를 '좋아하게' 만들기 위해서는, 먼저 브랜드가 소비자의 '좋아함'을 존중하는 것에서 출발해야 한다. 팬이 존재하는 곳에 시장이 있고, '좋아하는 마음'이 있는 곳에 미래의 소비가 있다.

책이 아니라 '덕질'을 팝니다

오시카츠를 전면에 내세운 전략의 대표 사례가 있다. 츠타야 서점을 운영하는 컬처 컨비니언스 클럽(CCC)은 시부야의 플래그십 스토어 'SHIBUYA TSUTAYA(시부야 츠타야)'를 24년 만에 리뉴얼했다.

시부야 츠타야 전경과 층별 구성
출처: 정희선

시부야 점포는 츠타야 서점을 대표하는 매장이다. 세계에서 가장 유명한 교차로로 불리는 시부야 스크램블 교차로를 바로 내려다볼 수 있기 때문이다. 시부야 츠타야 내에 입점한 2층 스타벅스는, 시부야를 가로지르는 5개 도로와 횡단보도가 만나는 교차로를 약 1천 명이 동시에 건너는 장관을 보기 위해 몰려든 사람들로 늘 붐빈다.

하지만 시부야의 상징인 츠타야 서점의 매출은 독서 인구 감소, OTT 서비스의 확산으로 곤두박질치기 시작했다. 이에 시부야 점포는 리뉴얼을 위해 2023년 11월부터 임시 휴업에 들어갔으며, 약 반년간의 재단장을 끝내고 2024년 4월 그 모습을 드러냈다.

리뉴얼을 거쳐 새롭게 문을 연 츠타야는 어떠한 모습일까? 시부야 츠타야는 CD 및 DVD 대여를 아예 중단했으며 책 판매 공간도 없앴다. 대신 애니메이션을 중심으로 한 콘텐츠가 가득한 체험형 공간인 '오시카츠의 전당(推し活の館)'으로 완전히 탈바꿈했다.

1층과 지하 1층에는 애니메이션과 음악 등의 IP(Intellectual Property)를 중심으로 한 팝업 스토어와 이벤트 공간이 마련되었고, 3층과 4층은 츠타야가 최근 힘을 쏟고 있는 공유 오피스인 셰어 라운지(Share Lounge)가 들어섰다. 일반적인 셰어 라운지는 재택근무자들이 쾌적하게 업무를 할 수 있도록 책상과 사무용 의자를 구비하고 있지만 시부야 점포의 셰어 라운지는 소형 테이블과 푹신한 소파형 의자를 배치해 휴식에 적합한 공간으로 만들었다. 곳곳에 피규어를 전시해 애니메이션 팬들의 시선을 끄는 점도 주목할 만하다.

5층에는 포켓몬 카드 라운지(Pokemon Card Lounge)가 들어서서, 시간당 1,500엔을 내고 포켓몬 카드 게임을 즐길 수 있다. 셰어 라운지와 포켓몬 카드 라운지 모두 유료로 좌석을 예약하고 느긋하게 머무를 수 있는 공간이다. 7층의 콜라보레이션 카페는 매달 다양한 애니메이션 콘텐츠를 테마로 운영되며, 콜라보 굿즈와 오리지널 메뉴 등을 선보여 팬들의 발걸음을 붙잡는다.

과연 츠타야는 시부야에서 무엇을 하고 싶은 것일까? 그 힌트를 시부야 츠타야 지하 1층 입구에 적힌 문구에서 찾을 수 있다.

좋아하는 것으로, 세상을 만들어라.
好きなもので、世界をつくれ。

시부야 츠타야는 일본 국내에서는 오시카츠에 몰두하는 덕후들, 해외에서는 일본 콘텐츠를 사랑하는 관광객을 타깃으로 만든 공간이다. 리뉴얼한 시부야 츠타야는 일본에서 가장 많은 외국인 관광객이 방문하는 시부야에서 일본 콘텐츠를 소개하고, 이 콘텐츠를 통해 일본과 세계를 더 재미있고 즐겁게 만든다는 철학을 내걸고 있다.

"전 세계 사람들이 일본의 콘텐츠를 접하면서 각자 자신만의 '좋아함'이 생겼다. 그리고 자신이 좋아하는 것을 접할 수 있는 장소를 원하고 있다. 그러한 니즈에 세계적으로 유명한 시부야에서

시부야 츠타야 내 셰어 라운지
출처: 정희선

시부야 츠타야의 포켓 카드 라운지
출처: 정희선

먼저 대응하고 싶다고 생각했다."

_시부야 프로젝트 총괄 프로듀서 카마타 타카히로(鎌田崇裕)

그렇다면 의문이 생긴다. 물건을 팔지 않고도 콘텐츠와 서비스만으로 수익을 낼 수 있을까? 시부야 중심부의 고가 부동산을 유지하려면 상당한 운영 비용이 들 텐데 말이다. 이에 대해 카마타 프로듀서는 오프라인 공간은 콘텐츠 사업에 있어서 필수 불가결한 존재라고 단언한다.

"앞으로 콘텐츠 중심의 리테일 사업은 스마트폰만으로는 완성되지 않을 것이다. 디지털과 현실을 오가며 경험하는 과정 속에서 새로운 트렌드가 만들어질 것이다."

츠타야는 사람들이 여전히 오프라인 체험을 갈망하고 있으며, 단순한 제품 판매가 아니라 체험을 통해 충분한 수익을 낼 수 있을 것이라 보고 있다.

시부야 츠타야의 리뉴얼은 공간의 변화를 넘어 '좋아하는 마음'을 기반으로 한 오시카츠 경제의 실험장이라 할 수 있다. 상품을 진열해놓고 기다리는 시대는 끝났다. 이제는 팬들이 찾고, 머물고, 함께 만들어가는 공간이 새로운 매출의 원천이 된다. 시부야 한복판에서 시작된 이 실험이 향후 일본 리테일 업계 전반에 어떤 파장을 일으킬지 주목된다.

3장

지방 소멸:
관계 인구를 늘려라

    2023년 기준 일본에는 총 1,799개의 지방자치단체(시·구·정·촌)가 존재한다. 그러나 일본 정부는 2040년까지 이 중 약 절반에 달하는 896개가 소멸할 것으로 전망한다. 그 원인은 저출산과 고령화에 있다. 2024년 일본의 연간 출생아 수는 70만 명 아래로 떨어졌으며, 합계 출산율은 1.15명으로 역대 최저치를 기록했다. 또한 65세 이상 인구가 전체의 약 30%를 차지하며 고령화는 한층 가속화되고 있다.

    저출산·고령화, 수도권 인구 집중, 그리고 지방 소멸.

    이 문제는 일본만의 과제가 아니다. 한국 역시 일본보다 낮은 출산율과 더 빠르게 진행되는 고령화로 인해, 지방 소멸이 가속화될 가능성이 높다.

    일본은 이러한 위기를 극복하기 위한 대안으로 '관계 인구(関係人口)' 개념에 주목하고 있다. 2017년 총무성 간담회에서 제시된 관계 인구란, 해당 지역에 완전히 이주한 '정주 인구'도, 단순 관광객인 '교류 인구'도 아닌, 특정 지역과 지속적이고 다양한 형태로 관계를 맺는 사람들을 뜻한다. 즉, 지역에 거주하지는 않지만 반복적으로 방문하거나 활동에 참여하는 등 긴밀한 연결을 유지하는 사람들을 의미한다.

    많은 일본 지자체가 관계 인구의 창출과 확대에 힘을 기울이고 있다. 내각관방 조사에 따르면, 관계 인구 관련 행정 서비스를 시

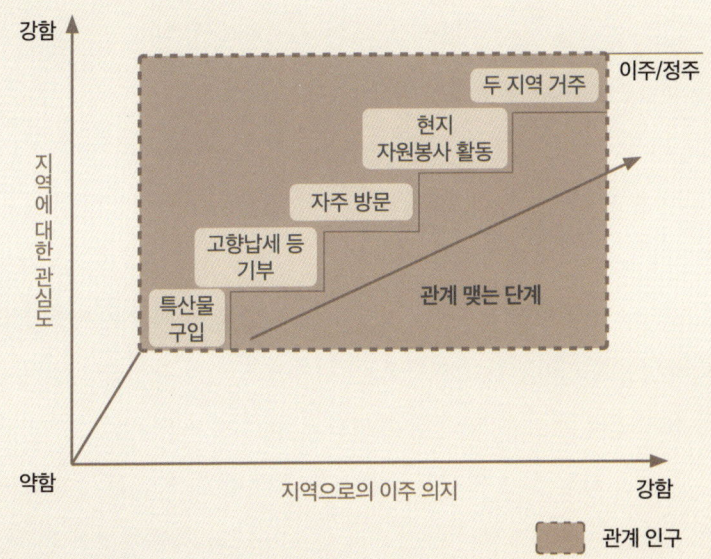

출처: 지방시대위원회(nabis.go.kr)

행한 지자체는 2023년 기준 78.7%였으며, 2024년에는 80.4%로 증가했다. 대표적인 사례로, 오카야마현의 니시아와쿠라촌(西粟倉村)은 인구 약 1,300명의 작은 마을이지만, 관계 인구로 등록된 사람은 2,100명에 달한다. 갑작스러운 지방 이주는 쉽지 않기에, 교류 인구에서 관계 인구로, 그리고 장기적으로 정주 인구로 이어지는 '단계적 지역 관계 모델'이 하나의 해법으로 제시되고 있다.

정주 인구를 늘리는 것이 쉽지 않은 상황에서, 관계 인구를 늘리는 방법은 무엇이 있을까? 크게 두 가지로 생각할 수 있다. 하나는 방문객을 늘리는 것이고, 다른 하나는 단기 거주자를 늘리는 것이다.

이번 장에서는 먼저, 차별화된 멋진 공간을 만들어 방문객을 늘리고 있는 지자체의 사례를 살펴볼 것이다. 그리고 반짝이는 비즈니스 아이디어를 통해 지역과 사람들을 연결하고, 단기 거주자를 늘리는 기업들의 이야기를 소개한다. 마지막으로 지역 창생을 기업 비전의 한 축으로 삼고 지역 경제 활성화에 힘쓰는 무인양품의 전략, 그리고 최근 지방 도시 활성화의 새로운 희망이 되고 있는 스포츠 아레나 건설 사례까지 살펴보며, 관계 인구 확대와 지역 활성화를 위한 다양한 접근 방식을 소개하고자 한다.

데스티네이션이 되는
공간을 만들어라

 한때 '노잼 도시'로 불리던 대전이 최근 핫플레이스로 떠올랐다. 대전을 인기 관광지로 만든 가장 큰 공신은 누가 뭐라 해도 '성심당' 빵집일 것이다. 이처럼 잘 만든 공간과 리테일(매장)은 고객을 불러들이는 힘을 가지고 있다. 빵집을 넘어 하나의 '경험'으로 자리 잡은 성심당의 사례는 한 브랜드가, 그 매장이 단순한 공간이 아니라 그 도시를 찾아가고 싶게 만드는 '목적지(destination)'가 될 수 있다는 점을 보여준다.
 지역을 살리는 첫 번째 방법은 방문객을 늘리는 것이며, 이를 위해서는 사람들이 '찾아갈 이유'가 있는 공간을 만들 필요가 있다. 매장 하나, 거리 한 블록, 때로는 카페 한 곳, 빵집 하나가 도시를 찾아가는 이유가 된다.

세계에서 가장 아름다운 편의점, 미라이 편의점

도쿠시마현 산간부에 위치한 나카초(那賀町). 인구 약 1천 명에 불과한 작은 마을 내 한 편의점을 방문하기 위해 일본 전국 각지에서 오는 이들의 발길이 끊이지 않고 있다. 바로 '세계에서 가장 아름다운 편의점'이라 불리는 '미라이 편의점(未来コンビニ, '미라이'는

미라이 편의점
출처: 미라이 편의점 홈페이지(mirai-cvs.jp)

'미래'를 의미하는 일본어)'이 그 주인공이다. 이곳은 단순히 물건을 구매하는 편의점을 넘어, 지역 주민들의 교류 거점이자 어린이들의 배움터, 그리고 관광객들이 찾는 랜드마크가 되었다.

키토 디자인 홀딩스(KITO DESIGN HOLDINGS)의 후지타 대표는 미라이 편의점을 만든 이유를 다음과 같이 설명한다.

> "키토(木頭) 지역의 쇼핑 환경을 개선하고자 문을 열었다. 당시만 해도 가장 가까운 슈퍼마켓까지 차로 편도 1시간 정도 걸리는 상황이었다. 콘셉트는 '세계에서 가장 아름다운 편의점'이다. 일본 내 편의점은 대부분이 체인점이며 디자인적인 접근으로 차별화된 곳은 거의 없다."

이 편의점의 가장 큰 특징은 멀리서도 눈길을 사로잡는 아름다운 디자인으로, 수많은 국제 디자인상을 받았다. 회색 콘크리트 지붕을 노란색의 Y자형 철골이 지탱하고 있으며, 전면 유리 벽은 내부를 훤히 비춰 개방감을 선사한다. 노란색의 철골은 지역의 특산물인 유자나무를 상징한다. 키토 지역의 큰 일교차와 잦은 비는 유자 재배에 최적의 조건을 제공하며, 주민의 절반이 유자 재배업에 종사하고 있다.

무척 아름다운 편의점이지만 의문이 든다. 지역 주민의 편의를 위해 만든 편의점이라면 디자인보다 실용성을 강조한 점포를 만들어도 될 것이다. 이렇게 디자인에 신경을 쓴 편의점을 만든 이유는 무엇일까?

후지타 대표는 "이곳을 찾는 사람을 늘리기 위해서다. 사업을 지속하기 위해서는 이곳을 찾는 사람을 늘려 '외화'를 벌어야 한다"라고 강조한다. 실제로 휴일에는 약 200명이 방문하고 있다. 오픈 1년 반 만에 누적 방문객 수는 4만 명을 넘어섰으며, 현재까지 약 30만 명이 이곳을 다녀갔다.

미라이 편의점을 보기 위해 일부러 먼 길을 돌아 찾아오는 사람들이 늘고 있다. 편의점 뒤편 야외 테라스에서 유자 맥주를 즐기거나 유자 도시락을 맛보기 위해 이곳을 방문한다. 즉, 미라이 편의점은 여행객에게 있어 목적지(데스티네이션)가 되고 있는 것이다.

미라이 편의점은 동시에 지역 주민들과 관광객들이 부담 없이 모일 수 있는 교류의 장도 되고 있다. 유즈 카페(YUZU CAFÉ)라는 공간이 마련되어 있어 사람들이 자연스럽게 소통할 수 있도록 세심하게 배려했다. 미라이 편의점이 기존 편의점과 차별화되는 또 다른 점은 마을 주민이 직접 특산품을 공급한다는 점이다. 마을의 명물인 유자를 활용한 아이스크림, 도시락, 삼각김밥 등을 주민들이 손수 만들어 판매한다.

미라이 편의점은 또한 문화적 환경을 조성해 지역 아이들의 창의력을 키우는 것을 중요한 목표로 삼고 있다. 이곳에서 태어나고 자란 아이들은 도시 아이들에 비해 문화 및 사회와의 접촉 기회가 부족한 것이 현실이다. 이에 미라이 편의점은 지역의 아이들이 세계 각국에서 온 사람들과의 교류를 통해 다양한 문화를 접할 기회

미라이 편의점
출처: 미라이 편의점 홈페이지(mirai-cvs.jp)

를 제공하고자 한다. 이를 위해 미라이 편의점은 사람들이 자연스럽게 모일 수 있도록 카페를 함께 운영하며, 정기적으로 다채로운 이벤트를 개최하고 있다.

내부 공간 또한 아이들을 고려해 세심하게 설계되었다. 제품 진열대는 아이들의 눈높이에 맞춰 낮게 설치되었으며, 통로 또한 아이들이 마음껏 뛰어놀 수 있도록 넓게 조성되었다. 편의점 이름이 '미라이(未来, 미래)'인 것 또한, 미래의 주역인 아이들이 즐겁게 뛰어놀 수 있는 편의점이라는 의미를 담고 있다.

키토 역시 다른 일본의 농촌 마을들과 마찬가지로 고령화라는 심각한 문제에 직면해 있다. 유자가 유명한 마을이라면 단순히 유자를 활용한 특산품을 개발해 홍보하는 전통적인 방식을 택할 수도 있었을 것이다. 그러나 후지타 대표는 특산품 재배로는 장기적인 효과를 기대하기 어렵다고 판단했다. 이는 농업 인력 부족이라는 현실적인 문제 때문이다. 따라서 소비자들에게 유자를 먹게 하는 것보다 '경험'하게 하는 것이 장기적으로 지속 가능한 발전 전략이라고 보았다. '유자를 경험할 수 있는 공간'을 조성하는 것이 유자 재배보다 장기적인 성장 동력이 될 것이라고 확신한 것이다.

미라이 편의점의 행보는 여기에서 끝나지 않는다. 후지타 대표는 키토 마을의 '빈집'에 주목했다. 『도쿄 트렌드 인사이트 2025』에서 챕터 하나를 할애해 살펴보았을 정도로 일본의 빈집 문제는 심각한 상황이다. 후지타 대표는 키토의 빈집을 개조해 '넥스트 챕터'라는 게스트 하우스로 만들어 일본 전국의 젊은이들이 방문하는 워케이션 성지로 만들고자 한다.

미라이 편의점은 쇠퇴하는 지방 소멸 문제에 대한 해법을 제시하는 사례로 주목받고 있다. 특히나 매력적인 디자인과 지역 특색을 살린 상품, 그리고 아이들을 배려한 설계와 주민 간의 교류 공간은 외부 방문객을 끌어들이는 강력한 동인이 되고 있다. 미라이 편의점은 지역 고유의 가치를 재발견하고 창의적인 아이디어를 접목한다면 지방 소멸이라는 과제의 해결책을 모색할 수 있다는 점을 보여준다.

음식으로 마을을 살리다,
비손(VISON)

일본 미에현 다키초(多気町)는 그동안 주목받지 못한 조용한 산골 마을이었다. 그러나 2021년, 이 마을에 'VISON(비손)'이라는 복합 리조트가 문을 열면서 상황이 바뀌었다. 인구 1만 3천 명에 불과했던 마을이 인구의 200배가 넘는 연간 350만 명의 관광객이 방문하는 명소가 된 것이다. 비손은 '체류하며 미식을 즐기는 곳'이라는 콘셉트로 지방 활성화의 새로운 해결책으로 주목을 받고 있다. 대체 어떠한 곳인지 먼저 비손을 방문해보자.

나고야에서 차를 타고 약 1시간 반 정도 달려, 최근 신설된 다키비손 인터체인지를 빠져나오자 녹음에 둘러싸인 드넓은 공간이 눈

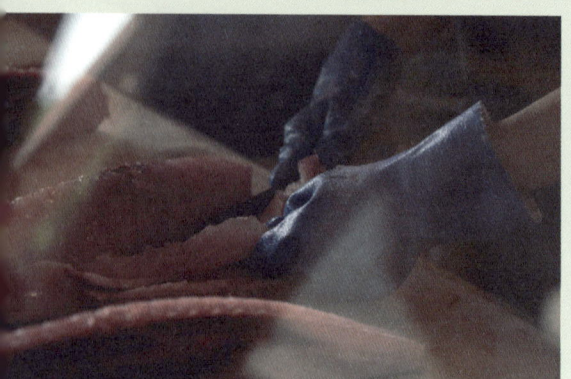

비손 전경
출처: 비손 홈페이지(vison.jp)

에 들어온다. 부지 면적은 약 36만 평(119만m²), 도쿄 돔 24개에 해당하는 규모다. 원래 비손은 나고야 및 오사카를 여행하던 길에 잠시 들르는 당일치기 여행지였다. 기존 관광지가 도시 근교나 유명 온천지에 몰려 있던 것과 달리, 비손은 상대적으로 외진 지역에 조성되었기 때문이다.

어떻게 하면 사람들이 일부러 방문하고 체류하는 곳으로 만들 수 있을 것인가? 비손은 그 해답을 '미식'에서 찾았다. 핵심은 '오직 이곳에서만 경험할 수 있는 맛'에 있다. 예컨대 해녀가 운영하는 식당에서는 직접 잡아온 전복과 소라를 바로 조리해 제공하고, 어부가 운영하는 점포에서는 바다의 진미를 가장 신선한 상태로 만날 수 있다. 지역의 전통 식재료인 '이세 단무지'를 판매하는 노포는 비손 측의 끈질긴 설득 끝에 입점했다. 이들은 다른 곳에서는 맛볼 수 없는 오직 하나뿐인 맛을 제공한다. 동시에 단순히 지역 특산물을 파는 데 그치지 않고, 그 식재료가 담고 있는 역사와 사람의 이야기를 전한다.

비손은 방문객이 '잠깐' 들렀다 가는 곳이 아니라 '머물면서' 경험하는 곳을 목표로 하고 있다. 이를 위해 숙박 시설 또한 다양하게 마련했다. 가족 단위 여행객을 겨냥한 '호텔 비손(HOTEL VISON)'부터 고급스러운 디자인과 서비스를 갖춘 '하센다 비손(HACIENDA VISON)'까지, 숙소는 방문 목적과 예산에 따라 선택 가능하다.

이 체류형 리조트에서 가장 특징적인 요소는 세 끼 모두 고급 식사를 즐길 수 있도록 구성한 '미식 체험'이다. 예를 들어 아침은

호텔 비손
출처: 비손 홈페이지(vison.jp)

도쿄의 미쉐린급 셰프가 감수한 오차즈케(쌀밥에 따뜻한 녹차를 부어 여러 가지 고명을 얹어 먹는 일본 요리)로 시작된다. 점심은 전국의 유명 셰프 17인이 참여한 셰프 뮤지엄에서 자유롭게 고른다. 저녁은 장작불에 구운 마츠자카규 스테이크로 마무리된다. 식사 자체가 리조트의 중심 콘텐츠로 자리 잡았다는 점에서 기존 리조트와 차별화된다.

하지만 이곳은 단지 미식을 즐기는 장소에 그치지 않는다. 기업의 테스트 베드 역할을 하는 '열린 실험실'로서도 기능한다.

다양한 분야의 기업들이 이곳을 실증 실험의 장으로 활용하고 있다. 대표적으로 로토제약은 비손의 숙박시설 내 목욕탕에서 자사의 생약 기술을 실증하고 있다. 이곳의 욕탕은 일반 온천수가 아닌

하센다 비손
출처: 비손 홈페이지(vison.jp)

72종에 달하는 약초를 조합해 5일 단위로 교체해가며 제공되는 것이 특징이다. 로토제약은 이 실험을 통해 고객의 생생한 반응을 데이터로 수집하며, 이를 바탕으로 생약 신제품이나 건강보조 서비스 개발로 연결하려 하고 있다.

소프트뱅크는 자율주행 버스를 시범 운행하고 있다. 비손은 넓은 단지 내 다양한 각도의 경사와 조건이 각기 다른 도로가 존재하기에 자율주행 기술의 안정성과 효율성을 점검하기에 이상적이다.

소니 또한 '로케톤(Locatone)'이라는 위치 기반 음향 체험 앱을 비손 내에서 운영 중이다. 이 앱은 특정 구역을 이동할 때마다 공간 분위기에 어울리는 사운드를 자동 재생하며, 동시에 사용자의 동선과 체류 시간, 반응 데이터를 수집한다. 방문객은 음악과 정보를 동시에 경험하며 자연스럽게 공간에 몰입한다. 소니는 이 데이터를 분석해 향후 도시형 스마트 관광 플랫폼이나 문화 공간 연출에 활용하고자 한다.

비손 프로젝트의 배후에는 다치바나(立花)라는 인물이 있다. 그는 원래 건설업에 종사했으나, 20대에 독립해 회사를 창업했고, 그 성공을 바탕으로 관광과 리조트 개발로 사업 영역을 확장했다. 비손 이전에도 그는 경영 악화에 시달리던 미에현의 '가타오카 온천'을 '아쿠아 이그니스(AQUAIGNIS)'라는 미식 온천 리조트로 탈바꿈시키기도 했다.

다치바나가 인기가 식어버린 온천 숙소에 어떻게 하면 다시 손님을 끌어들일 수 있을지 고심하던 중, 신경 쓰였던 것은 숙소에서 내놓는 식사였다. 일본 료칸 어디에서나 만날 법한, 특징 없는 평범한 요리였다. 다치바나는 이것을 개혁의 힌트로 삼았다. "맛있는 것을 먹을 수 있다는 점에 철저히 집중하면 손님들이 다시 방문해줄 것"이라는 그의 생각은 맞아떨어졌다. 아쿠아 이그니스의 성공 경험이 비손을 만드는 계기가 되었다 해도 과언이 아니다.

비손은 한발 더 나아가 스페인의 미식 도시 산세바스티안을 벤치마킹 대상지로 삼고 협약을 맺었다. 양국 간 인재를 교류하고 산세바스티안의 식당을 입점시키는 데 성공했으며, 양 도시는 정기적으로 교류 이벤트를 진행하고 있다.

그뿐만 아니라 비손은 지역의 고용 창출에도 기여하고 있다. 현재 리조트 단지 내에서만 700여 명이 고용되어 있으며, 지역 청년들이 이곳에서 일자리를 찾고 있다. 또 지역에서 생산한 농산물과 식재료가 비손 내 다양한 점포와 숙소로 공급되며 지역 경제 활성화에 도움이 되고 있다. 이러한 성과는 전국 지자체의 주목을 받고 있다. 미에현의 작은 시골 마을을 전국적으로 유명한 곳으로 만든 비손을 일본의 지자체들이 주목하고 있으며, 비슷한 모델을 만들고 싶다는 의뢰가 쇄도하고 있다.

지역은 음식으로 바뀔 수 있다는 것이 다치바나의 생각이다. 비손 내 건물에는 체인점으로 운영되는 식당이 단 한 곳도 없다. 한 곳, 한 곳, 모두 정성 들여 고르고 마음을 다해 초대했다. 비손 내에는 편의점도 없고 자판기도 없다. 오로지 비손이 큐레이션한 미식의 세계만을 경험하도록 설계되었다.

휴게소에 가기 위해 여행을 떠납니다, 미치노에키

지역 재생의 방안 중 하나로써 예전부터 주목받는 공간은 일본 전국 각지에 약 1,200개나 존재하는 '미치노에키(道の駅)'다. 미치노에키는 한국의 고속도로 휴게소와 같은 기능을 하는 곳이다. 이렇게 이야기하면 주차장, 화장실, 음식점 몇 개 정도만 갖춰진 '운전 중 잠시 쉬어가는 곳'이라는 이미지를 떠올리기 쉽다. 하지만 일본의 미치노에키는 '휴게소'를 넘어 그 자체가 '목적지'가 되며 진화

카와바 덴엔 플라자
출처: 카와바 덴엔 플라자 홈페이지(denenplaza.co.jp)

를 거듭하고 있다.

　미치노에키는 1990년대 초반 처음 선보였다. 그러다 2013년, 일본 국토교통성이 '미치노에키의 목적지화'라는 새로운 비전을 제시한 후 본격적으로 지금의 형태로 개발되기 시작했다. 전국 각지에서 지역 특색을 살린 향토 음식과 체험 공간, 직판장 설치가 활발히 이루어졌다. 그 결과, 2015년에는 연간 이용객 수가 누적 2억명을 돌파하고, 연간 매출액 또한 약 2,500억 엔(2조 5천억 원)에 달하는 거대 시장으로 성장했다.

　예를 들어 군마현에 위치한 '카와바 덴엔 플라자(川場田園プラザ)'는 인구 약 3,700명의 마을에 연간 200만 명이나 되는 손님이 방문하는 대규모 관광지가 되었다. 이곳에서는 지역 특산 유제품을

사용한 오리지널 상품을 구입할 수 있을 뿐만 아니라 과일 따기나 도예 등 체험형 즐길 거리가 가득하다.

실제로 긴 연휴 동안 미치노에키만을 찾아 여행하는 이들도 적지 않다. 휴게소를 넘어 목적지로 진화하며 지역 경제 활성화에 큰 역할을 담당하는 미치노에키를 살펴보면, 사람들을 불러 모으는 공간에는 어떠한 특징이 있는지 힌트를 얻을 수 있다.

일본인들에게 사랑받는 미치노에키의 공통점 중 가장 눈에 띄는 것은 바로 '익스트림한 체험'을 전면에 내세운다는 점이다. 2018년 문을 연 가고시마현의 '타루미즈하마비라(たるみずはまびら)'는 보트 위에 서서 바다 위를 이동하는 'SUP(스탠드 업 패들보드)' 체험을 할 수 있다. 고치현의 '타노에키야(田野駅屋)'에 있는 제염 체

험 시설과 같은 특별한 경험을 위해 일부러 미치노에키를 방문하는 이들이 늘고 있다.

미식의 진화 또한 빼놓을 수 없다. 지역 특산물에 독창적인 아이디어를 담아 '그곳에서만 맛볼 수 있는' 특별한 음식을 제공하는 미치노에키도 증가하고 있다. 예를 들어 흔한 해산물 덮밥에서조차 지역색을 뚜렷하게 드러내 차별화를 시도하는 곳이 있다. 효고현의 '우즈시오(うずしお)'는 흰살생선만으로 만든 '하얀 해산물 덮밥'을 선보여 큰 화제를 모았으며, 야마가타현의 '요네자와(米沢)'가 2020년 6월부터 판매하기 시작한 '요네자와규 육회 초밥'은 특별한 가공 허가를 받아 개발한, 오직 요네자와에서만 맛볼 수 있는 특별한 메뉴다.

당일치기 여행뿐만 아니라 더 오랜 시간 머물고 싶은 여행지로 발돋움하기 위해 숙박 시설을 갖춘 미치노에키도 늘고 있다. 치바현의 '호타 초등학교(保田小学校)'는 폐교된 초등학교를 활용한 미치노에키로 옛 학교의 정취를 느낄 수 있는 특별한 공간을 제공한다. 특히 교실로 사용되던 공간을 개조해 만든 이색적인 호텔은 "꼭 한 번 가보고 싶다"는 입소문을 타고 있다.

이러한 인기에 힘입어 세계 최대 호텔 체인인 메리어트는 일본에서 미치노에키를 집객에 활용하고 있다. '페어필드바이메리어트 미치노에키 프로젝트'를 통해 14개 미치노에키 인근에 숙박 시설을 개업했다. 미치노에키에서 식사를 즐기고, 인근 호텔에서 편안하게 휴식을 취한 후, 다음 날 또 다른 미치노에키로 향하는 새로운 여행 스타일을 제시한다.

　미치노에키를 관찰하면 사람들이 몇 번이고 재방문하는 지역을 만들기 위한 키워드를 알 수 있다. 바로 '음식'과 '체험'이다. 차별화된 음식과 색다른 체험은 지역을 살리는 해답이 될 수 있을 것이다.

비즈니스 아이디어로
지역을 살리다

최근 일본에서는 지역 경제를 살리는 새로운 비즈니스 모델이 속속 등장하고 있다. 젊은 창업자들 사이에서는 지방이 안고 있는 과제를 기술과 아이디어로 해결하려는 시도가 늘고 있으며, 이를 통해 지역 경제와 사업체, 나아가 지역 주민과 소비자 모두가 윈윈할 수 있는 건전한 생태계를 만들어가고 있다.

대표적인 사례로는 단순 관광이 아닌 '도우미'로 참여하는 체류형 관광 서비스가 있다. 인구 감소로 일손이 부족한 지방의 농가에서 젊은이들이 농작업을 돕거나 호텔에서 접객 및 청소 같은 간단한 업무를 맡는다. 그 대가로 무료 숙박과 수고비를 받으며, 업무 시간 외에는 지역 탐방을 즐긴다.

또한 최근 '별장 구독 서비스'도 인기를 끌고 있다. 회원들은 전국 각지에 위치한 별장을 일정 횟수 이용할 수 있는 권리를 구독 형태로 구매해, 도시와 지방을 오가며 생활하는 '듀얼 라이프'를 실현한다. 이러한 비즈니스는 결과적으로 지역 주민과의 교류, 현지 레스토랑과 상점 이용, 지역 이벤트 참여로 이어지며, 관계 인구를 확장하는 데 기여하고 있다.

| 여행하면서 일합니다,
| 오테츠타비

코로나19 사태가 진정된 이후 해외여행뿐만 아니라 일본 국내 여행 수요 또한 급격하게 증가하고 있다. 이러한 가운데 숙박료는 0원이면서 오히려 보수까지 받을 수 있는 서비스가 화제가 되고 있다.

"단순히 관광명소를 둘러보는 것만으로는 부족하다."

일본 전국의 농가, 숙박 시설, 지역 행사 등 인력이 부족한 현장에서 일을 도우며 여행하는 '오테츠타비(おてつたび)'라는 서비스다. 대부분 숙식이 제공되며 일정 수준의 보수도 지급되기에 여행자는

교통비 외에 큰 지출 없이 여행을 즐길 수 있다. 여가 시간에는 주변을 관광하거나 지역 주민들과 교류하는 등의 체험도 가능하다. 2018년 7월 서비스를 출시했으며, 코로나19 사태 이후 등록자가 두 배로 증가해 현재 1만 6천 명에 이르고 있다.

여행지에서 일하고 싶은 사람은 먼저 오테츠타비 공식 홈페이지에서 개인정보를 등록한다. 그런 다음 모집 사업소를 확인하고 각 사업소에서 원하는 희망 일정, 실제로 일을 도운 사람들의 후기 등을 확인한 후 마음에 드는 사업소에 신청한다. 이후 조건이 맞으면 정식으로 일손 돕기가 결정되는 구조다.

이 서비스가 주목받는 이유는 단지 '저렴한 여행'이라는 점 때문만은 아니다. 오테츠타비는 인구 감소와 고령화로 심각한 인력난을 겪고 있는 일본 지방에 실질적인 도움을 주는 플랫폼으로 기능하고 있다. 구인 공고를 내도 사람을 구하지 못해 경영을 포기하거나 영업을 단축하던 지역의 농가와 관광업체들이 오테츠타비를 통해 새로운 일손을 확보할 수 있다. 특히 일손이 몰리는 계절적 수요에 유연하게 대응할 수 있다는 점에서 큰 호응을 얻고 있다.

리크루트웍스 연구소가 2023년 3월 발표한 〈미래예측 2040〉 리포트에 따르면, 일본의 노동인구는 급격히 감소해 2030년에는 341만 명, 2040년에는 1,100만 명의 인력이 부족할 것으로 예상된다. 이미 지방의 농업과 관광업은 심각한 인력난이 지속되고 있는 상황이다.

오테츠타비를 활용하면 지역 사업자는 여행 참여자에게 숙소와

오테츠타비에 올라온 구인 공고
출처: 오테츠타비 홈페이지(otetsutabi.com)

    일정 수준의 보상을 제공하며 필요한 업무 지원을 받을 수 있다. 참여자는 현지에 도달하기까지의 교통비는 스스로 부담하지만, 현장에서 일하며 보수를 받을 수 있어 전체 여행 비용을 줄일 수 있다.
    여행자들은 비용을 절감할 수 있을 뿐만 아니라 지역사회에 기여하고, 새로운 사람들과의 만남을 통해 풍부한 경험을 하게 된다.
    "(코로나19로 인해) 해외에 갈 수 없게 되면서 국내에서 여행지를 찾는 사람들이 많아졌다. 또한 온라인 수업이나 재택근무로 인해 오테츠타비를 하면서 수업을 듣거나 일을 하는 사람도 늘고 있다"라고 오테츠타비의 나가오카 리나(永岡里菜) 대표는 말한다.

POINT 1 — 도움을 주면서 지역 주민과 관계를 쌓을 수 있어요!
지역에는 다양한 어려움이 많습니다. 인력이 부족해 도움을 받는 일이 쉽지 않은 경우도 많지만, 함께 진심으로 돕기 때문에 지역 주민과 깊은 관계를 맺을 수 있다고 우리는 생각합니다.

POINT 2 — 낯선 지역을 여행할 기회가 생겨요!
'여기가 어디지?!' 하고 생각했던 지역도 막상 가보면 매력적인 곳이 많습니다. 오테츠타비를 통해 다양한 지역을 방문하며, 자신만의 매력적인 장소를 찾아보세요.

POINT 3 — 도움을 주면서 보상도 받는다!
여행 경비 부담을 줄일 수 있어요. 가고 싶은 지역이 있어도 의외로 여행 경비가 만만치 않을 때가 있죠. 오테츠타비에서는 도움을 주는 만큼 보상을 받을 수 있어, 그만큼 여행 경비를 절약할 수 있습니다.

오테츠타비에 대하여
출처: 오테츠타비 홈페이지(otetsutabi.com)

    나가오카 대표가 '오테츠타비'를 시작한 가장 큰 이유는 자신이 미에현 오와세시 출신이라는 점이다. 오와세시는 도쿄에서 차나 전철로 약 6시간 걸리는 곳으로, 어업과 임업은 발달했지만 뚜렷한 관광 명소는 없는 도시다. 나가오카 대표가 출신지를 이야기하면 많은 이들이 "그곳이 어디죠?"라고 되묻곤 했다.

    그녀는 조부모가 여전히 살고 있는, 아름답지만 잘 알려지지 않은 지역에 사람들이 찾아오는 구조를 만들고 싶다는 생각에서 '오테츠타비'를 구상하게 되었다. 보통 다른 사람들이 자신의 고향을 모르면 "모를 수도 있지"라고 생각하고 넘어가기 쉽지만, 나가오카 대표는 "왜 모를까"라는 의문을 품었고, 그 질문이 새로운 사업으로 이어졌다는 점이 흥미롭다. 창업을 결심한 그녀는 회사를 그만두고 도쿄의 집도 정리한 뒤, 6개월간 야간버스를 타고 일본 각지를 돌며 아이디어를 구체화했다.

"농가나 료칸에서 '일손이 부족하니 도와달라'는 말을 많이 들었고, 많은 사람에게 낯선 지역에 갈 때 여행 경비가 걸림돌이 된다는 것을 알았다. 일손 돕기를 통해 여행 경비를 절감하고, 지역의 매력을 알리는 것을 목적으로 창업했다."

현재 오테츠타비에 등록된 사업자는 일본 전국에 약 1,800곳에 이른다. 특히 코로나19 사태 이후 해외 인력을 받을 수 없게 되면서, 인력 부족을 겪는 농가와 만성적인 일손난에 시달리는 호텔 및 서비스 업계가 대부분이다.

체류 기간은 보통 1주일에서 10일 정도이지만, 짧게는 1일, 길게는 1개월까지 사업자의 필요에 따라 조정된다. 일자리 매칭이 성사되면 오테츠타비는 수수료를 통해 수익을 창출한다.

어떤 사람들이 주로 오테츠타비를 이용해 여행할까? 오테츠타비를 통해 여행하며 일하고 싶다고 등록한 이용자는 2025년 현재 약 6만 명에 달한다. 연령별 분포를 살펴보면, 10~20대가 49%로 가장 많고, 30대가 13%, 40대 11%, 50대 이상이 27%를 차지한다. 전체 이용자의 절반가량이 10~20대이지만, 50대 이상도 약 30%에 달하는 점이 눈에 띈다.

Z세대 이용자들은 오테츠타비에 참가하는 이유로 "낯선 지역이

나 그 지역에 사는 사람들과 친해지고 싶다" 혹은 "일본에 대해 더 알고 싶다" 등을 꼽고 있다.

흥미로운 점은 시니어, 특히 시니어 여성들에게 인기가 높다는 것이다. 오테츠타비의 2021년 이용자는 10~20대가 전체의 70%를 차지했고, 50세 이상은 8%에 불과했으나 2025년에는 50세 이상이 27%로 크게 늘었으며 이 중 60% 이상이 여성이다.

오테츠타비의 나가오카 대표는 "사회에 공헌하면서 삶의 풍요로움을 느낀다는 점에서 오테츠타비는 Z세대뿐만 아니라 시니어층에도 적합할 것"이라는 가설을 가졌다고 밝힌 바 있는데, 그녀의 가설이 적중했다고 볼 수 있다.

시니어 여성이 오테츠타비를 이용하는 주요 이유 중 하나는 여행 비용 부담을 줄일 수 있다는 점이다. 여행을 원하지만 경제적 여유가 없어 망설이는 경우, 숙박비가 들지 않고 현지에서 일정한 보수를 받을 수 있다면 보다 쉽게 떠날 수 있다. 실제로 나가오카 대표에 따르면 "근무 기간을 10일 이상으로 신청하는 이용자가 많다"라고 한다. 그리고 이들이 장기 체류하며 번 돈은 해당 지역에서 소비함으로써 지역 경제 활성화에 기여하게 된다.

또한 여행지에서의 만남과 교류도 중요한 매력 요소다. 현지 사업장에서 일하는 사람들뿐 아니라 같은 프로그램에 참가한 Z세대와 접할 기회가 많아, 세대 간 교류의 장이 형성된다. 나가오카 대표는 "평소 일상에서는 경험하기 어려운 젊은 세대와의 만남을 통해 인생의 자극을 얻는 시니어가 많다"라고 설명한다.

흥미롭게도 오테츠타비에 참가하는 시니어 여성 대부분이 스마트폰을 소지하고 SNS 활용에 익숙하다. 이들은 Z세대와 SNS 계정 정보를 교환하며 체류 이후에도 지속적인 관계를 이어가기도 한다. 외부 세계에 대한 관심과 호기심이 높아 적극적으로 외출을 즐기는 점도 이들의 특징이다.

낯선 지역에서 새로운 사람들과 어울리며 얻는 경험은 단순한 일자리 그 이상이다. 참여자들은 "삶의 방식에 영향을 받았다" "인생의 선택지가 넓어졌다"고 말한다. 실제로 오테츠타비를 계기로 농가에 취업하거나, 지역 식재료를 활용한 상품을 기획·판매하는 등 개인의 커리어가 변화한 사례도 나타나고 있다. 최근에는 이주지를 미리 체험해보기 위해 신청하는 사람들도 늘고 있다.

현재는 모집 사업자 수에 비해 희망자가 훨씬 많아, 일자리 대비 3~5배의 신청자가 몰리는 상황이다. 한 참여자는 "유명 관광 명소보다 기억에 남는 것은 지역 사람들과의 교류와 체험이다. 오테츠타비에서는 그것을 경험할 수 있다. 가이드북에 없는 나만의 장소를 발견하고, 우연한 만남을 통해 '세렌디피티(예기치 못한 행운)'를 느낄 수 있다는 점이 매력"이라고 말한다.

이러한 변화는 지역에도 긍정적인 반향을 불러일으킨다. 외부인이 지역을 찾아와 일하고 교류하면서 사업사는 물론 지역사회 전반이 활력을 얻는다. 일회성 방문이 아니라 사람이 모이고 관계가 형성되며, 지속적 연결의 가능성이 생겨나는 것이다. 인구 감소와 고령화가 심각한 지역은 구인 공고를 내도 지원자가 없어 사업을 축소하거나 영업 기간을 단축하는 경우가 많았다. 그러나 오테츠타비를 통해 새로운 인재가 유입되면서 지역이 활력을 되찾는 사례도 나타나고 있다.

현재 오테츠타비에서는 농림수산성을 비롯한 행정기관과 사가현, 치바시 등 전국 지자체, 그리고 JTB, ANA, 오다큐 전철, JR 서일본 등 주요 여행사 및 철도 회사와 연계해 사업을 전개하고 있다. 대기업 담당자나 관계자들로부터는 "이런 구조를 만들고 싶었지만 좌절했다"는 이야기를 자주 듣는다. 직접 현장을 찾아 설명하고, 지역 주민의 목소리에 귀 기울여 온 점이 오테츠타비만의 강점이다.

나가오카 대표는 "2040년이면 896개 지역이 소멸한다고 하는데, 남은 시간이 많지 않다. 앞으로도 더 많은 기업과 지자체가 서로의 강점을 살려 협력해 나가길 바란다"라고 강조한다.

사실 한 지역을 하루 방문하게 만드는 것조차 쉽지 않으며, 1주일 이상 체류하도록 유도하는 일은 더욱 어렵다. 오테츠타비의 비즈니스 모델은 이러한 어려움을 극복하고, 지역 농가와 여행자 모두가 윈윈하는 구조를 만들어 일시적 방문을 넘어 '체류형 관계'를 형성함으로써 지역 경제에 활력을 불어넣고 있다.

오테츠타비는 단순한 여행 서비스가 아니라, 인력 부족에 시달리는 지방 산업과 새로운 경험을 찾는 도시 거주자를 연결하는 사회적 플랫폼으로 자리매김했다. 참여자는 비용 절감과 세대 간 교류라는 개인적 가치를 얻고, 지역은 새로운 인연과 활력을 얻는다. 나아가 오테츠타비는 일회성 방문을 넘어 체류와 교류를 촉진하며

'관계 인구'를 늘리는 모델로 주목받고 있다. 앞으로 오테츠타비가 일본 지역사회에 어떤 장기적 변화를 가져올지 주목된다.

'평일엔 도쿄, 주말엔 지방'
별장 구독 서비스가 늘리는 관계 인구

2025년 8월 현재, 일본의 이시바 정부는 지역 경제 활성화에 특히 힘을 쏟고 있는데, 그 핵심에는 '두 거점 생활'이 있다. 이시바 총리는 2025년 연두 기자회견에서 젊은 관료가 두 지역을 거점으로 생활할 수 있도록 지원하는 제도를 신설하겠다고 밝혔다. 국토교통성은 이러한 시도에 대해 사업비 일부를 보조하는 제도 등을 마련하고 있다.

코로나19 팬데믹 이후, 주 1~2회 정도 재택근무를 허용하는 일본 기업이 늘어나면서 도시를 벗어나 시간을 보내고자 하는 소비자 니즈도 높아지고 있다. 내각부가 2023년 실시한 조사에 따르면, 도쿄권에 거주하는 20대의 약 45%가 지방 생활에 관심을 보였다. 국토교통성의 2022년 조사에서도 약 30%의 응답자가 두 개 지역을 거점으로 생활하는 방식에 흥미를 느꼈다.

이처럼 누구나 한 번쯤은 자연 속 나만의 별장에서 멋진 주말을 보내기를 꿈꾸지만, 별장을 소유하는 것은 결코 쉬운 일이 아니다. 하지만 최근 일본에서 인기를 끌고 있는 별장 구독 서비스를 활용하면 누구나 쉽게 '평일에는 도시, 주말에는 지방'에서 머무는 생활이 가능하게 될 것이다. 먼저 일본에서 빠르게 사업을 확장하고 있는 별장 구독 서비스인 '사누'를 알아보자.

"2nd home in nature(자연 속 두 번째 집)"

스타트업 사누(SANU)의 슬로건이다. 사누는 2019년에 설립된 스타트업 기업으로, 누구나 부담 없이 별장을 이용할 수 있는 '별장 구독 서비스'를 일본 최초로 선보였다. 현재 관동 지방을 중심으로 32개 동, 215개 객실을 운영하고 있으며, 월 5만 5천 엔(55만 원)을 내면 사누가 보유한 별장을 자유롭게 이용할 수 있다. 한 번에 최대 7박까지 숙박이 가능하며 예약은 두 건까지 동시에 할 수 있다. 다만 주말과 공휴일에는 5,500엔(5만 5천 원)의 추가 숙박비와 3,300엔(3만 3천 원)의 청소비가 발생한다.

이 서비스는 2021년 출시 이후 무려 92%에 달하는 고객 지속 이용률을 자랑하고 있다. 전통적인 별장 소유에 따르는 관리의 번거로움과 부담은 줄이면서도, 호텔보다 저렴한 가격에 숙박을 제공함으로써 큰 호응을 얻는 중이다. 특히 대부분의 별장이 자연 경관이 뛰어난 곳에 자리 잡고 있기에 워케이션이나 자연을 즐기고 싶은 고객들로부터 인기를 끌고 있다.

사누는 직접 자신들이 별장을 지어서 소유하고 이를 빌려주는 방식으로 사업을 한다. 월 55만 원 정도의 금액으로 별장 구독 서비스의 운영이 가능한 이유는 첫째, 모든 별장을 동일하게 만들기 때문이다. 건물의 디자인과 구조를 통일함으로써 설계 및 시공 비용을 절감하고 고객의 이용 요금을 낮출 수 있다. 별장의 크기는 대부분 50m²이며, 내부는 전부 목재로 만들고 곡선을 살린 구조로 설계해 자연 친화적인 공간감을 제공한다. 둘째, 체크인을 포함한 모든 프로세스가 앱을 통해 비대면으로 이루어진다. 이용자는 예약 후 발급되는 출입 코드를 입력해 입실하며, 현장에는 상주 인력이 없다. 별장 내에는 가전제품과 조리도구, 기본 조미료 등이 모두 구비되어 있어 식재료만 준비해 오면 된다.

일반적인 별장 소유자는 중장년층이 중심인 반면, 사누 이용자들은 도쿄 도심에 거주하는 20~40대 젊은 세대가 주를 이룬다. 이들은 워케이션 등으로 평일에도 별장을 적극 활용하기에 사누는 높은 가동률을 유지하고 있다.

사누의 공동 창업자 중 한 명인 혼마(本間) 씨는 누구나 부담 없이 자연과 접할 수 있는 장소를 만들고자 2019년에 회사를 설립했다. 그는 "모든 시설 내 비품이 동일하기 때문에 익숙해지면 '제2의 집' 같은 느낌이 든다. 관광뿐만 아니라 산이나 바다를 가까이에서 느끼고 지역 사람들과 교류할 수 있는 것이 사누의 묘미"라고 말한다.

사누의 인기는 개인 고객에만 국한되지 않는다. 최근에는 기업 고객의 수요도 빠르게 늘고 있다. 2023년 한 건설 및 IT 컨설팅 회사는 기존에 계약한 60박 플랜을 120박으로 늘렸다. 이 회사는 별장을 자체 보유하고 있었지만, 오래전에 지어진 탓에 건물은 낡았고 직원들의 이용도 적었다. 반면 사누 별장은 직원들 사이에서 인기가 높았다. 회사 입장에서도 별장을 직접 보유하면 관리비와 고정 비용이 발생하지만, 구독 서비스를 활용하면 고정비 없이 수요에 따라 탄력적으로 대응할 수 있다는 장점이 있다.

2023년 법인 대상 서비스를 시작한 사누는 서비스 개시 8개월 만에 100개 회사와 계약을 맺었다. 아웃도어 브랜드 노스페이스를 일본에서 판매하는 골드윈을 비롯해 다양한 대기업이 사누의 서비스를 도입했다. 사누의 기업 고객인 미즈호캐피탈의 오오마치(大町) 대표는 "리조트 회원권보다 훨씬 저렴하다. 개인적으로 이용해본 뒤 직원들에게도 같은 경험을 제공하고자 직원 복지 차원에서 사누를 도입했다"고 전한다.

수요가 빠르게 늘자 사누의 과제는 공급을 얼마나 신속하게 확대할 수 있는가로 옮겨갔다. 이에 대응하기 위해 사누는 단 2주 만에 조립이 가능한 별장인 '사누 캐빈 모스(SANU CABIN MOSS)'를 개발했다. 디지털 패브리케이션(Digital Fabrication) 방식으로 공장에서 필요한 부품을 절단하고, 금속 부품으로 조립한 유닛을 사전 제작한다. 기능별로 나뉜 유닛은 4톤 트럭으로 운반할 수 있는 크기이며, 현장에서는 크레인으로 기둥이나 들보에 끼우기만 하면 되기 때문에 비계 설치 없이도 시공할 수 있다. 그 덕분에 산악지대 등 접근이 어려운 지역에서도 시공이 용이하며, 공장 작업을 포함해도 준공까지 평균 2개월 반이면 충분하다.

사누는 2024년 새로운 비즈니스 모델인 '공동소유(Co-Owner,

사누의 별장(위)과 사누 캐빈 모스(아래)
출처: 사누 홈페이지(www.sa-nu.com)

共同オーナー) 서비스'를 시작했다. 대상 부동산의 공동소유권을 구입하면 보유분에 따라 연간 12~60박을 이용할 수 있는 권리를 얻을 수 있는 서비스다. 판매 가격은 330만 엔(3,300만 원)부터 시작하며, 연간 숙박 횟수를 다 채우지 못하면 가족이나 친구에게 숙박권을 양도하거나, 사누가 1박에 8,400엔(8만 4천 원)에 매입해 다른 사람에게 빌려줄 수 있다. 즉, 구독과 소유의 중간 형태를 내세워 이용층을 넓히는 방식이다. 회원을 대상으로 사전 판매를 시작한 결과, 예상보다 큰 인기를 끌며 준비된 물량이 모두 판매되었다.

사누뿐만 아니라 최근에는 해안가의 경관이 좋은 별장을 구독 서비스로 제공하는 '위드 씨(WITH SEA)', 일본 전국에 위치한 자사 호텔을 구독 서비스로 제공하는 '츠기츠기' 등 다양한 주거 구독 서비스가 등장하고 있다.

코로나19 팬데믹 이후 재택근무와 거점 근무 등 유연한 생활 방식이 확산되면서, 도시를 벗어나 여유로운 시간을 보내고자 하는 수요도 증가했다. 동시에 인바운드 관광 수요가 급증하면서 일본 전국의 호텔 평균 객실 단가가 지속적으로 상승했다. 이러한 환경 속에서 사누의 구독 모델은 가성비뿐만 아니라 다양한 장소에서 머무르며 즐길 수 있는 유연성을 제공하며 일본 소비자에게 호응을 얻고 있다.

별장 구독 서비스는 관광의 개념까지 확장시키고 있다. 기존에는 단순히 '관광객'으로 머물던 이용자가 반복적인 체류를 통해 지역과 유대감을 형성하고, 일부는 지역 행사, 공방 체험, 농업 체험 등 다양한 활동에 자발적으로 참여한다. 이용자가 지역에 익숙해지면서 자연스럽게 지역 상권과 연결되고, 슈퍼마켓, 로컬 마켓, 온천, 음식점 등에서 소비하며 지역 경제 활성화에 직접 기여하게 된다. 구독형 별장 및 호텔의 확산은 지방 소생의 한 축을 담당할 것으로 기대된다.

이름 없는 산을 브랜딩하다, 야마프

일본에는 1만 7천 개에 가까운 산이 있다. 하지만 등산객이 모여들고 경제적 효과를 창출하는 산은 소수에 불과하다. 산이 많은 일본이기에 지자체들도 산을 활용해 지역을 홍보하고 싶은 마음은 굴뚝 같다. 하지만 쉽지 않은 일이다.

이러한 틈새 시장에서 새로운 비즈니스를 발견한 기업이 있다. 지자체와 함께 산을 매개로 한 체류형 관광의 가능성을 모색하고 궁극적으로 지역 활성화를 꿈꾸는 한 벤처기업의 이야기다.

2024년 11월 초, 단풍철을 맞은 야마나시현 고후시(甲府市)의 관광안내소는 오가는 등산객들로 붐볐다. 관광객 수는 불과 두 달 반 만에 전년 동기 대비 1천 명 가까이 증가했는데, 그 배경에는 등산 앱 '야마프(YAMAP)'가 있다. 등산객들이 손에 든 스마트폰을 들여다보니 '야마나시현 산 오르기 캠페인'이라고 적힌 페이지를 보

야마프 앱
출처: 야마프 홈페이지(yamap.com)

고 있다. 지정된 산이나 휴게소에 도달하면 GPS로 디지털 배지를 수집할 수 있고, 이를 3개 모으면 오리지널 손수건을 받을 수 있는 캠페인이다. 한 등산객은 "야마프 캠페인이 아니었다면 이 지역엔 오지 않았을 것"이라며 이를 위해 숙박까지 결정했다고 전한다.

이는 고후시가 야마프와 함께 2022년부터 진행해온 캠페인의 성과다. 고후시는 2019년 자체적으로 25개의 산을 '고후 명산'으로 지정했지만, 주로 지역 주민이나 당일치기 방문객에 머물렀다. 외부 방문객이 지역에 '머무르지 않는' 문제를 해결하기 위해 고후시는 야마프와 손을 잡았다. 핵심은 데이터였다. 기존에는 입산 신고나 수동 카운터에 의존해 등산객 수를 파악했지만, 이는 신뢰성이 낮을 뿐만 아니라 행정 예산의 제약이 있었다. 반면 야마프는 GPS를 기반으로 등산객의 이동 경로, 출신 지역, 행동 이력을 수치로 제공한다.

야마프의 데이터를 활용해 마케팅을 실시한 결과는 대성공이었다. 2022년 캠페인을 통해 산에 방문한 참여자는 8,200명이었으며, 이 중 80%가 다른 현에서 온 사람들이었다. 고후시가 투입한 예산은 495만 엔(5천만 원)이지만 등산객으로부터 발생한 경제적 효과는 약 1,960만 엔(2억 원)으로 추산된다. 비용 대비 4배에 가까운 효과를 본 셈이다. 고후시는 이 성과를 바탕으로 매년 캠페인을 이어가고 있다.

야마프는 단순히 앱 서비스에 머물지 않는다. 고후시에서는 한때 연간 방문자가 50명에 불과했던 '잊힌 등산로'를 되살리기 위한

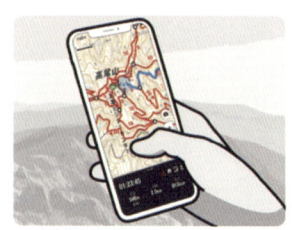  

전파가 닿지 않는 곳에서도 현재 위치를 한눈에 확인할 수 있어, 조난이나 길 잃음을 예방하는 데 유용합니다.

등산 기록을 손쉽게 만들 수 있습니다. 걸은 경로와 길에서 찍은 사진을 바로 확인하고, 저장하거나 공유할 수도 있습니다.

기록을 공유하며 서로 연결되어 최신 루트와 다양한 산행의 즐거움을 나눌 수 있습니다.

야마프 앱의 특징
출처: 야마프 홈페이지(yamap.com)

크라우드 펀딩에도 참여했다. 사용자들의 자발적 기부로 632만 엔(6,300만 원)이 모였고, 이는 도로와 주차장, 임시 화장실 정비에 활용되었다. 산의 등산로가 복원되자 등산객이 다시 발걸음을 옮겼고, 등산 후 지역 시설 이용으로 이어지는 경제적 효과가 발생했다.

지방 소도시에서의 성과도 주목할 만하다. 기후현의 한 이름 없는 산인 토미야마는 원래 지역 주민조차 외면하던 낮은 산이었다. 야마프는 현지와 협력해 '기후의 그랜드캐니언'이라는 브랜드 네이밍을 제안했고, 이를 자사 매거진과 SNS를 통해 홍보했다. 그 결과 등산객 수는 8배나 증가했고, 인근 마을엔 음식점과 상점이 생겨났다. 이 산의 캠페인에 들인 비용은 약 2천만 원이며 방문객 수는 7,800명이었다. 1인당 평균 1만 원을 소비했다고 단순히 계산하면 수익은 7,800만 원에 달한다.

야마프의 누적 다운로드 수는 470만 건, 월간 활성 사용자(MAU,

Monthly Active Users)는 70만 명 수준이며, 이 중 약 20%가 유료 회원이다. 그러나 야마프는 유료 회원 수를 지속적으로 늘리는 것보다 '등산 인구 전체를 늘리는 것'을 중요시한다. 등산은 건강, 마음 챙김 등 단순한 레저를 넘어선 의미를 지닌다고 믿기 때문이다.

이를 위해 야마프는 지자체와의 공동 사업을 추진하는 '공창추진사업부'를 별도로 운영하고 있다. 이 부서는 각 지역의 자연 자원을 '관광 인프라'로 전환시키는 일을 담당한다. 새로운 길을 개척하거나, 기존 산길의 매력을 발굴해 브랜딩한다. 산이 있어도 가치를 인식하지 못하는 지역에 대해, 자연 그 자체를 콘텐츠로 재정의하는 일종의 '디지털 자연 전략 컨설턴트' 역할을 하는 것이다.

야마프는 '자연'이라는 지역이 가진 자산이 기술과 데이터를 활용해 어떻게 경제적 자원으로 전환될 수 있는지를 보여주는 사례다. 지역은 자원을 가지고 있지만 이를 콘텐츠로 만들어 소비자와 연결할 수 있는 통로를 만들지 못하는 경우가 많다. 야마프는 등산 데이터를 통해 방문자 수와 경제 효과를 수치화해 지자체가 정책을 설계할 수 있도록 돕고, 등산객에게는 맞춤형 여정과 보상을 제공함으로써 산을 방문하도록 유도한다. 그 결과 특정 산을 방문하기 위해 그 지역을 일부러 오는 사람들이 늘고 체류가 증가하며, 산이 고부가가치 관광자원으로 탈바꿈했다.

지역을 살리는
기업들

지역을 살리는 일은 더 이상 정부나 지자체만의 몫이 아니다. 인구 감소와 고령화, 지역 경제 침체라는 구조적 과제를 앞두고, 민간 기업들이 스스로 지역 경제 활성화의 주체가 되어 적극적으로 움직이고 있다. 이들은 사회 공헌 차원을 넘어, 자사의 비즈니스와 브랜드 철학 속에 '지역성'을 통합해 지속 가능한 방식으로 지역과 연결되고자 한다.

예를 들어 스토리텔링을 통해 농촌의 매력을 도시 소비자에게 전하는 '아코메야'는 쌀을 중심으로 한 편집숍을 넘어, 생산자와 소비자의 정서적 거리를 좁히는 커뮤니케이션 플랫폼의 역할을 자처한다. 한편 스포츠의 집객력을 적극적으로 활용한 '아레나 개발' 역시 지역 재생의 새로운 모델로 떠오르고 있다. 나가사키, 홋카이도, 사가 등 다양한 지방 도시에 기업 주도로 첨단 시설과 콘텐츠를 갖춘 스포츠 아레나가 들어서면서, 경기장 주변에 다시 사람들이 모이고 상권이 살아나고 있다.

전국 소비자들의 생활에 스며들고 있는 '무인양품'은 제품 판매에 그치지 않고 지역 자원을 디자인하고, 지역 주민과 협업하며, 기업 활동 전반에 지역 경제 활성화를 내재화하고 있다. 이처럼 지역과 기업이 새로운 방식으로 연결되는 움직임은 단발성 지원이 아니라, 브랜드와 커뮤니티가 함께 자라나는 장기적 관계로 이어지고 있다는 점에서 주목할 만하다.

스토리텔링으로 지역을 연결하다, 아코메야 도쿄

아코메야 도쿄(AKOMEYA TOKYO)는 소량 포장된 쌀, 지역 특산 조미료 등 일본 각지에서 엄선된 식료품을 선보이는 셀렉트숍이다. 아코메야는 식재료뿐 아니라 다이닝 라이프스타일 전체를 제안하는 기업이다. 솥, 그릇, 젓가락, 이쑤시개 등 장인이 만든 전통 도구부터 아이디어가 담긴 주방 제품까지 다양하게 선보인다.

아코메야 도쿄 매장 전경
출처: 아코메야 홈페이지(www.akomeya.jp)

아코메야는 쌀을 중심으로 한 라이프스타일을 제안하는 브랜드다.
출처: 아코메야 홈페이지(www.akomeya.jp)

아코메야가 사업을 시작한 2013년에는 '일본의 전통 식문화'가 유네스코 무형문화유산에 등재되었고, 이는 브랜드의 방향성을 결정짓는 계기가 되었다. 일본 식문화의 중심에 자리 잡은 쌀을 테마로 '쌀을 중심으로 한 라이프스타일 숍'을 만들기로 한 것이다. 일본인만큼 쌀밥에 진심인 민족은 드물 것이다. 많은 경우 일본인의 밥상에서 쌀은 주인공이 된다. 그렇기에 맛있는 밥이 있는 라이프스타일을 제안하는 편집숍은 일본 소비자들의 마음을 빠르게 사로잡았다.

아코메야 도쿄는 CSV(Creating Shared Value) 경영을 실천하는 유통기업이다. '일본 식문화의 가능성을 넓힌다'는 사명을 바탕으로 '세계에 자랑할 수 있는 맛있는 순환형 사회를 만든다'는 미래상을 가지고 있다. 맛있는 순환형 사회를 실현하기 위해 사회적 과제를 인식하고 이를 사업 모델 안에서 해결한다는 것이 아코메야의 철학이다.

아코메야는 자사의 사명과 관련해 어떤 사회 문제를 해결할 것인지 꾸준히 고민해왔다. 일본에서는 기후변화, 식량 문제, 지역 소멸, 저출산·고령화 등이 주요 사회 과제로 꼽히고 있다. 아코메야는 자사의 핵심 사업이 '식(食)'과 관련된 만큼 식량 문제에 주목할 뿐만 아니라, 식재료의 주산지인 지역사회의 고령화와 지방 소멸 문제도 외면할 수 없다고 생각했다. 일본의 농어촌 대부분은 현재 고령자가 생산을 이어가고 있지만, 고령화가 더 진전되면 우리가 슈퍼에서 쉽게 구입할 수 있는 식재료 자체가 사라질 수도 있다. 그러다 보니 아코메야는 자사 사업의 지속성은 이러한 사회적 과제들의 해결과 밀접하게 연결돼 있다고 믿는다.

지역경제 활성화를 위한 아코메야의 전략 중 가장 흥미로운 점은 자사의 역할을 'Catalyst(촉매)'와 '語リスト(이야기꾼)'로 정의하고 있다는 것이다. Catalyst는 생산자와 소비자, 지역과 도시를 연결해 '맛있는 화학 반응'을 일으키는 존재가 되겠다는 뜻이며, 語リスト는 제품의 배경과 가치를 고객에게 전달하며 스토리텔링을 통해 공감을 이끌어 내겠다는 의지를 표현하고 있다. 즉, 아코메야는 단순한 상품 큐레이션을 넘어, 상품을 통해 지역과 사람을 연결하는 역할을 자청한다. 이를 위해 점포에서 일하는 직원들은 아코메야의 모든 상품에 대해 철저하게 이해하고, 고객에게 제품 자체는 물론 그 배경 이야기까지도 전달한다. 이렇게 스토리 기반으로 소비를 유도함으로써 지역 활성화에 직접적으로 기여하게 된다.

이 두 역할을 통해 아코메야는 소비자들의 지역 생산자에 대한 관심과 지지를 이끌어 내며, 이는 결과적으로 지역 활성화로 이어진다. 아코메야가 그리는 이상적인 모습은 고객이 상품의 팬이 되고, 점차 기업의 팬, 나아가 지역과 문화의 팬으로 발전하는 구조다. 팬을 확보함으로써 상품 소비는 물론, 지역 방문과 이주로 이어지는 '응원 소비'가 일어난다. 도시 소비자가 지역의 식문화를 꾸준히 소비하게 되면, 지역은 활력을 되찾고, 고령화로 사라질 위기에 처한 전통 산업도 계승될 수 있다. 이것이 아코메야가 추구하는 '맛있는 순환형 사회'의 모습이다.

아코메야의 나무통 된장
출처: 아코메야 홈페이지(www.akomeya.jp)

대표적 사례로 '나무통 장인 부활 프로젝트'를 들 수 있다. 일본에서는 전통 장류를 숙성하는 나무통을 제작하는 장인이 거의 사라지고 있다. 이에 아코메야는 나무통을 활용해 '아코메야 나무통 된장'을 생산했고, 이는 큰 호응 속에 빠르게 매진되었다.

이러한 지역과의 협업은 고객들에게 지역을 알리는 계기가 된다. 코로나19 팬데믹 시기에 진행된 자체 조사에 따르면, 아코메야 고객의 60%가 '관계 인구'에 해당한다. 이들은 아코메야의 상품을 소비하면서 지역을 알게 되었고, 비록 해당 지역에 거주하지는 않지만 정기적으로 방문하거나 꾸준히 관심을 가지며 관계를 맺고 있다. 일본 정부는 '관계 인구 확대'를 지역 활성화의 핵심 전략으로 보고 있는데 아코메야는 이를 비즈니스를 통해 구현하고 있다.

유통업체가 아닌 지역의 인프라가 되다, 무인양품

지역 활성화에 가장 진심인 일본 기업 중 하나는 한국에서도 인기가 높은 무인양품일 것이다. 무인양품은 유통업체로서의 역할을 넘어 지역의 인프라가 되는 것을 목표로 하고 있으며, '지역 재생' 그리고 '로컬라이제이션' 전략에 힘을 쏟고 있다. 무인양품의 가나이(金井) 회장은 일본 언론과의 인터뷰에서 자신의 철학을 자주 전달하고 있다.

"앞으로는 지역의 사람들이 건강한 경제 활동에 참여하고 풍성한 문화를 함께 키워 인간적으로 따뜻한 사회를 함께 만들어가는 시대다. 그 중심에 무인양품이 있으면 좋겠다."

"사회에 유익한 기업이 된다는 이념을 바탕으로, 생활에 없어서는 안 될 기본 상품과 서비스를 저렴한 가격으로 제공하며, 매장이 지역사회의 커뮤니티 센터가 되어 주민과 함께 지역사회의 과제를 해결하는 것을 기업의 사명으로 삼을 것이다."

무인양품의 새로운 매장은 항상 화제를 불러일으킨다. 2025년 3월에 오픈한 무인양품 가시하라(橿原) 점포 또한 이목이 집중되었는데, 바로 '세계 최대 규모의 무인양품'이기 때문이다. 흥미로운 점은 매장 면적 2,500평에 달하는 세계 최대 규모의 '플래그십 스토어'를 대도시가 아닌 나라현 가시하라시(橿原市)라는 지방 도시에 만들었다는 사실이다.

외벽을 나무로 덮은 무인양품은 단연코 여태까지 보았던 무인양품 중 가장 압도적인 규모를 자랑한다. 끝없이 펼쳐진 단층 건물 내 의, 식, 주, 수납 등의 테마로 분류된 9개의 구역에 무인양품의 상품이 가득 채워져 있다. 마치 무인양품의 테마파크와 같은 느낌이다.

이 중에는 다른 무인양품 점포에서는 보기 힘든 광경도 있다. '리무지(ReMUJI)'라는 리페어 코너에서는 오래된 가구를 회수한 후

무인양품 가시하라
출처: 무인양품 홈페이지(www.muji.com/jp/flagship/aeonmall-kashihara)

수리 및 세척해 판매한다. 무인양품은 '자연 순환형 사회의 실현'이라는 철학을 전면에 내세우고 있는데, 이는 자원을 낭비하지 않고 다시 쓰는 지속 가능한 사회를 만들겠다는 의지를 드러낸다.

이 외에도 건강 검진을 받을 수 있는 웰니스 존, 서적과 찻집을 결합한 커뮤니티 공간 등이 마련되어 있어, 지역 주민들의 일상에 자연스럽게 스며드는 생활 거점으로서의 역할을 담당한다.

"지역 활성화는 나라현에게도 큰 과제다. 무인양품을 지역의 사람들을 넘어 많은 이들이 방문하는 곳으로 만들어 지역 활성화에 공헌하고 싶다."

_무인양품 소셜굿 사업부 임원 나가타(長田)

흥미로운 점은 이 매장이 단지 물건을 진열하는 것을 넘어 곳곳에 주민들을 위한 공간을 만들었다는 것이다. 매장 내에는 아이들이 뛰어놀 수 있는 광장을 만들었으며 나무로 만든 놀이기구도 설치해놓았다. 그 주변에는 넓은 테이블을 놓아 물건을 구입하지 않는 손님도 앉아서 쉴 수 있도록 했다. 실제로 테이블에 앉아서 PC 작업을 하는 사람들도 보인다.

더 안쪽으로 들어가면 '북스 앤 벤치스(Books&Benches)'라는 코너가 보이는데, 이름 그대로 선반에는 책들이 놓여 있고 그 옆에 벤치가 있다. 쇼핑하다가 지치면 이곳에 앉아 잠시 쉬거나 책을 읽는 것이 가능하다.

가시하라 점포 내 여러 공간 중에서 가장 눈에 띈 곳은 '책과 찻

무인양품 가시하라
출처: 무인양품 홈페이지(muji.com)

집(本と喫茶)'이다. 이곳은 서점과 찻집을 결합한 공간으로 주민들이 머물며 교류하는 곳이다. 이처럼 매장 안에는 물건 판매와 직접 관련 없는 공간이 풍부하게 들어서 있어, 상업 시설이라기보다 오히려 주민센터나 공원에 가까운 분위기를 풍긴다. 무인양품의 이러한 실험은 가시하라 점포에만 국한되지 않는다.

가시하라 점포가 열리기 전까지 세계 최대 규모를 자랑하던 무인양품은 니가타현의 조에츠시(上越市)에 있었는데, 이곳 또한 지역 주민들이 방문해서 쉴 수 있는 공간을 많이 마련해놓았다.

대부분 브랜드의 '세계 최대 규모 매장'이라면 도쿄, 상하이, 뉴

욕과 같은 대도시에 둘 것이다. 하지만 무인양품은 달랐다. 가시하라와 조에츠라는 인구 감소가 뚜렷한 지방 도시에 최대 규모 매장을 세운 것이다. 특히 조에츠 매장은 인구 감소로 인해 폐점한 쇼핑몰을 활용해 만들었다. 왜 굳이 지방일까? 이 선택에는 무인양품의 철학과 전략이 반영되어 있다.

무인양품은 2018년 약 453억 엔의 영업이익을 올린 후, 2023년까지 이를 넘어서는 실적을 올리지 못했다. 2023년 결산에서 매출은 전년 대비 109% 증가했지만, 기존 점포와 온라인 매출은 96.5%, 고객 수는 93.2%에 머물렀다. 특히 저가형 가구 브랜드인 니토리(NITORI)와 같은 경쟁 브랜드의 공세 속에 도시권 매장은 힘을 잃고 있었다.

이 국면을 타개하기 위해 무인양품은 두 가지 방향 전환을 시도했다.

첫째, '일상생활의 기본을 지탱하는 브랜드'라는 본질로 돌아가 상품 라인업을 강화했다. 기존 조미료·가공식품 중심에서 냉동식품까지 카테고리를 넓히며, 단순한 잡화점에서 벗어나 생활 전반을 제안하는 매장으로 변모시킨 것이다.

둘째, 지방 출점을 본격화했다. 특히 약 600평(약 2천m^2) 규모의 대형 매장을 슈퍼마켓과 병설하는 방식이다. 주민이 생필품을 사러 온 김에 무인양품을 자연스럽게 들르도록 해 일상 속 접점을 넓히려는 전략이다.

이러한 방향은 〈무지 리포트(MUJI REPORT) 2024〉에서도 분명히 드러난다. 무인양품은 "지방 밀착을 강화해 소매점을 넘어 지역 커뮤니티 센터로 발전하겠다"라는 목표를 제시했다. 단순히 물건을 파는 곳이 아니라, 주민들이 모이고 교류하는 '거점 공간'이 되겠다는 선언이며, 가시하라점은 이러한 미래상을 가장 잘 보여주는 사례다.

일각에서는 이렇게 주민 친화적 공간을 확충하면 수익성이 떨어지지 않을까 우려한다. 그러나 가시하라점의 어린이 광장처럼 가족 단위 방문을 유도하는 공간은 방문 빈도를 높이고, 장기적으로는 브랜드 충성도를 키운다. 아이와 함께 온 가족이 무인양품을 생활의 일부로 경험하게 되면, 미래의 고객 기반도 자연스럽게 확장된다.

실적도 개선하고 있다. 2024년 결산에 따르면, 일본 국내 사업의 영업이익은 전년 대비 161% 증가했고, 전 점포와 온라인 매출은 전년 대비 116% 증가했다. 이러한 실적 반등의 배경에는 상품 라인 재정비, 영업 효율 개선 등 다양한 요인이 작용했지만, 지방 출점 전략이 실적 개선에 핵심 역할을 했음을 부인하기 어렵다.

무인양품은 인구 감소 사회를 대비해 지방 출점 전략을 '지속 가능한 성장 모델'로 삼고 있다. 대도시 중심의 시장이 한계에 부딪힌 상황에서 지역 주민의 생활에 깊이 들어가고 커뮤니티 거점을 만들어내는 방식은 단기적 매출 증대를 넘어 장기적인 고객 기반을 구축한다. 이는 '단순히 좋은 물건을 파는 브랜드'에서 나아가 '지역 사회와 함께 성장하는 브랜드'라는 정체성을 확립하는 과정이기도

하다.

무인양품의 전략은 일본이 직면한 인구 감소 및 지방 소멸이라는 구조적인 문제 속에서 브랜드가 어떤 방식으로 생존하고 또 사회적 역할을 다할 수 있는지를 보여주는 좋은 사례다.

지역 재생에 기여하다, 소셜굿 사업부

후쿠시마현 나미에마치(浪江町)는 2011년 동일본대지진 이후 원전 사고의 영향으로 전 주민이 피난을 떠나야 했던 곳이다. 2019년 일부 지역의 피난 지시가 해제되면서 주민들이 다시 돌아오기 시작했고, 점차 인프라도 복구되었다.

그런 나미에마치의 재건 과정에서 중요한 역할을 한 장소 중 하나가 바로 2020년 8월 문을 연 복합 상업시설 '미치노에키 나미에(道の駅なみえ)'다. 도로 휴게소 개념을 넘어서 지역 특산품을 판매하고, 지역 주민과 관광객이 모이는 커뮤니티 거점으로 기능하고 있는 이곳은, 무인양품이 지역 재생에 적극적으로 관여한 대표 사례로 주목받는다.

무인양품은 2020년, 나미에마치와 지역 활성화 및 복구 지원을 위한 협정을 체결하고, 다음 해인 2021년 3월 '무인양품 미치노에키 나미에'를 프랜차이즈 형식으로 출점했다. 인구가 적은 지역에 출점하는 데 대한 우려도 있었지만, 주변에 대형 매장이 없다는 점에서 기회를 봤고, 실제로 매장 오픈 이후 방문객 수는 약 20% 증가했다. 특히 30~40대 여성과 아이를 동반한 가족 단위 방문이 늘었고, 인근 지역에서 오는 손님도 생겼다.

매장은 규모가 작지만, 지역과의 유대가 곳곳에 드러난다. 입구에 놓인 작은 칠판은 폐교된 초등학교에서 가져온 것이다. 고객들이 원하는 상품이나 의견을 포스트잇에 적어 붙이는 '전달 게시판'으로 쓰이는데, 직원들은 이에 답변을 달아놓기도 한다. 작은 책상과 의자도 모두 학교에서 가져온 것들이다. 진열 선반에는 지역 양조장의 사케 통이 활용되는 등 단순한 소매 공간을 넘어 지역과 어우러지는 분위기를 자아낸다.

이 프로젝트는 무인양품의 '소셜굿 사업부'가 담당했다. 2018년에 신설된 이 부서는 고령화와 인구 감소로 출점 기회가 점차 줄어드는 상황에서 점포와 연계해 지역 문제를 해결한다는 역할을 맡고 있다. 단지 제품을 파는 매장이 아니라 사람과 사람이 연결되는 허브 역할을 하는 공간을 만드는 것을 목표로 한다. 그렇기에 소셜굿 사업부는 단순히 시장 규모나 인구수만 보고 출점을 결정하지 않는다. 무인양품은 '상업 시설이 지역의 과제를 함께 해결하고, 그 속에서 출점 기회를 찾는다'는 접근법을 가지고 있다.

실제로 나미에마치에 파견된 무인양품의 직원은 '지역 일으키기 기업인'이라는 공식 직함을 갖고 주민들과 소통하며 지역 문제를 함께 고민하고 있다. 특산품의 판로 확대를 위해 도쿄 매장에서의 판매를 제안하기도 하고, 주민들과 함께 라디오 체조에 참여하면서 지역 공동체에 자연스럽게 녹아들고 있다.

소셜굿 사업부는 지역사회와의 연계를 통해 지역 재생에 기여하는 다양한 프로젝트를 추진하고 있다. 또 다른 예는 '무인양품 미나미노사토(MUJI みんなみの里)'다. 이 시설은 무인양품 매장과 카페 앤 밀 무지(Café&Meal MUJI), 농산물 및 특산품 판매소, 개발 공방으로 구성된 종합 교류 시설이다.

이러한 시설은 모두 '지역을 활기차게 만든다'는 같은 비전을 가지고 있다. 주민들이 매일 이용할 수 있는 장소, 생활 인프라로서 지역 주민의 생활에 도움이 되는 시설을 목표로 한다. 그뿐만 아니라 두 시설 모두 지역의 매력을 발견하고 소개함으로써 이곳을 방문하는 고객과 지역 주민, 그리고 생산자와의 연결과 교류를 창출하고자 한다. 이러한 철학은 두 시설의 개발과 운영을 맡은 이들의 인터뷰에서도 명확하게 드러난다.

"미나미노사토는 단순한 상점이 아니라, 사람들이 모이는 지역 커뮤니티의 허브로 기능하다. 지역이 활기를 잃으면 기업도 쇠퇴할 수밖에 없다. 그래서 우리는 사람과 사람, 사람과 물건, 사람과 자연 사이의 관계를 다시 생각하며, 지역에 기여할 수 있는 상업 공간을 만들고자 했다."

"나미에마치를 위해 무엇을 할 수 있을까를 항상 생각한다.

무인양품 미나미노사토
출처: 무인양품 홈페이지(muji.com)

지역 주민들과 대화를 나누며, 비교적 자유롭게 활동하고 있다."

무인양품은 이러한 활동을 진행함에 있어 '지역을 끌어들이는' 방식이 아니라 '지역에 끼어드는' 태도를 중요하게 여긴다. 기업이 주도자가 되고 주민이 따라오는 구조는 지속 가능하지 않다고 판단하기 때문이다. 지역이 주체가 되어야 진정한 의미의 활력이 생기며, 무인양품은 그 과정에 자연스럽게 참여하는 파트너가 되어야 한다는 생각이다.

"함께 만들어간다는 의미에서 지역을 '끌어들인다'는 용어가 아니라 지역에 우리가 '끼어든다'는 표현을 사용한다. 그 이유는 명확하다. 끌어들인다는 표현은 무인양품이 주도자가 되고 지역 주민이나 지자체는 종속자가 되는 이미지다. 하지만 지역 주민이나 지자체가 끌려가는 입장이 될 경우, 혹여 나중에 무인양품이 빠져나갔을 때 활동이 지속되지 않을 위험이 있다. 그래서 우리는 지방자치단체나 주민이 주체가 되어야 하고, 그 속에 무인양품이 끼어드는 형태로 함께해야 한다고 생각한다."

즉, 무인양품은 스스로 지역의 외부자라는 것을 명확히 인식하고 그렇기에 더 조심스럽게, 더 진심으로 지역에 스며들려고 하며, 이러한 철학이 다른 기업과 차별화되는 점이다.

"매장을 제대로 운영하고, 지역 과제를 이해하며 실질적인 도움이 되는 것을 기반으로 삼아야 한다. 그 위에서 혁신을 실현해 무인양품의 가치를 극대화할 수 있다."

"지역 활성화, 마을 만들기, 환경 문제 등 2018년부터 우리가 몰두해온 방향을 앞으로는 더욱 밀어붙일 생각이다."

무인양품은 지역마다 처한 과제가 다르기 때문에 자사가 어떻게 기여할 수 있을지를 판단하며 지역별로 유연하게 접근할 예정이다. 무인양품은 지역과 함께 살고, 일하고, 성장해가는 파트너가 되고자 한다. 그리고 그 방식을 '이끄는 것'이 아니라 '스며드는 것', 즉 지역 주민을 주인공으로 삼는 형태로 진행하고 있다. 지금, 무인양품은 '물건을 파는 기업'이 아니라 '지역과 공생하는 브랜드'로 변모하고 있다.

도시를 살리는
스포츠의 힘

최근 일본에서는 스포츠 아레나가 지역 경제 활성화의 새로운 수단으로 주목받고 있다. 경기장을 넘어 스포츠를 중심에 둔 복합 문화·상업 공간으로 개발하는 아레나가 전국 곳곳에 등장하고 있다. 이를 통해 침체된 지방 도시에 활력을 불어넣어 인구 감소에 따른 경제 정체에 대응하려는 움직임이다. 지방정부와 민간 기업은 스포츠를 매개로 사람과 자본이 모이는 거점을 만들고 있으며, 아레나는 스포츠 관람을 넘어 쇼핑, 숙박, 업무, 여가를 아우르는 복합 플랫폼으로 진화하고 있다.

　대표적인 사례는 2024년 10월, 나가사키시에 새롭게 등장한 '나가사키 스타디움 시티(長崎スタジアムシティ)'다. 이 시설은 일본을 대표하는 TV 홈쇼핑사인 '자파넷 홀딩스'가 주도해 조성한 복합 개발 프로젝트다. JR 나가사키역에서 도보 10분 거리에 위치해 있으며, 약 2만 3천 평 규모에 달하는 부지에 상업 시설과 오피스, 호텔, 스타디움이 어우러져 있다. 약 2만 명을 수용할 수 있는 축구 스타디움과 농구 경기나 음악 공연이 가능한 6천 석 규모의 '해피니스 아레나'가 핵심 시설이다. 해피니스 아레나는 크기는 비교적 작지

나가사키 스타디움 시티
출처: 나가사키 스타디움 홈페이지(www.discover-nagasaki.com/en/sightseeing/101868)

만 디스플레이와 조명, 음향의 수준은 대형 클럽을 방불케 한다. 경기장 중앙에는 무게 2.4톤에 달하는 4면 대형 디스플레이가 설치되어 있고, 좌석과 선수, 디스플레이 간 거리가 가까워 2층에서도 경기를 생생하게 느낄 수 있다.

이 복합시설은 스포츠 경기가 없는 날에도 사람들이 방문하도록 다양한 시설을 마련하고 있다. 상업동 'STADIUM CITY SOUTH'에는 약 80개의 점포와 수제 맥주 양조장이 있는 레스토랑, 뉴발란스 플래그십 스토어 등이 들어섰다. 오피스동 'STADIUM CITY NORTH'에는 약 23개 기업이 입주할 예정이며, 10층에는 코워킹 스페이스가 조성되어 있다. 스포츠 경기가 없는 날에도 쇼핑과 외식, 업무, 숙박이 가능한 복합 도심 공간으로 설계되어, '경기장이 아니라 도시를 만든 것'이라는 표현이 어색하지 않을 정도다.

나가사키시는 1985년부터 인구가 감소하기 시작, 현재 약 39만

명이 거주하고 있다. 이는 인구가 정점을 찍었던 1975년 대비 약 11만 명 가까이 줄어든 상황이다. 이러한 지방 도시에 자파넷은 무려 1천억 엔(1조 원)이라는 막대한 자금을 투입해 나가사키 스타디움 시티를 완성한 것이다.

자파넷이 진정으로 추구하는 바는 스포츠 구단을 운영하겠다는 것이 아니다. 스포츠와 엔터테인먼트를 기반으로 한 '지역 경제 활성화 사업'을 통신판매사업에 이은 미래 핵심 사업으로 성장시키고자 하는 것이다. 이러한 비전을 실현하기 위해 가장 중요한 것은 스타디움이 지역 주민들의 일상 속에 스며들어 매일 방문하고 싶은 공간으로 만드는 것이었다.

이를 위해 스타디움은 개장 전날, 일본의 국민 배우라 불리는 나가사키 출신 아티스트 후쿠야마 마사하루(福山雅治)의 콘서트를 개최했으며, 약 2만 5천 석의 티켓을 무료로 제공했다. 흥미로운 점은 무료로 제공하는 티켓의 추첨을 공식 앱을 통해서만 진행했다. 약 53만 명이 응모했고, 이 중 절반가량이 나가사키시 주민이었다. 나가사키시의 인구가 39만 명이라는 점을 고려하면 시 인구의 약 3분의 2가 앱을 다운로드한 것이다.

사실 상업 시설의 공식 앱을 설치하도록 유도하기는 쉽지 않다. 그러나 자파넷은 이벤트를 통해 효과적으로 앱을 확산시켰고, 개장 전부터 지역 주민들의 스마트폰으로 들어가는 데 성공했다.

나가사키뿐만이 아니다. 최근 3개년 사이에 일본의 지방 도시에는 이와 비슷한 스포츠 복합시설이 들어서고 있다. 홋카이도에서는

TOWER 11의 모습
출처: 홋카이도 볼파크 F빌리지 홈페이지(www.hkdballpark.com)

닛폰햄 파이터스가 기타히로시마시에 600억 엔(6천억 원)을 들여 스포츠 복합 공간 '홋카이도 볼파크 F빌리지'를 조성했다. 개폐식 돔 구조에 천연 잔디를 갖춘 홈구장 '에스콘 필드 홋카이도'가 자리 잡고 있으며, 외야 벽을 유리로 만들어 자연 채광이 가능하도록 설계했다. 특히 3루 외야에 세워진 'TOWER 11'에는 호텔, 온천, 골프연습장, 레스토랑 등이 들어서 있어 침대에 누워 경기를 보거나 온천에 몸을 담근 채 경기를 관람하는 특별한 경험이 가능하다. 반려동물 동반석, 키즈 존, 루프탑 바, 맥주 양조장과 고급 라운지까지 구성되어 있기에 야구에 관심 없는 사람도 즐길 거리가 가득하다.

규슈 사가현에서도 변화는 나타나고 있다. 2023년 257억 엔(250억 원)을 들여 조성된 'SAGA 아레나'는 경기장이지만 DJ 퍼포먼스와 영상 연출이 결합된 독특한 분위기를 제공한다. 대규모 회의, 전시, 콘서트까지 가능한 다목적 시설로 설계했다. 사가현 또한 아레나를 단순한 체육 시설에 그치지 않고 러닝 코스, 스포츠 의과학 센터, 어린이 체험 공간 등과 연계해 평일에도 사람들이 방문하는 도시 공간으로 확장하고자 한다. 실제로 경기 일정이 있는 날에는 인근 호텔 요금이 4~5배 상승하는 등 경제적 파급 효과 또한 크다.

이렇듯 스포츠 아레나는 경기장을 넘어 지역 경제와 문화, 일상생활이 연결되는 복합 공간으로 진화하고 있다.

민간 전문가 회의인 인구전략회의는 일본 전국 1,700여 개 지자체 중 744곳에서 2050년까지 20~39세 인구가 절반 이하로 줄어들고 지자체가 소멸할 가능성이 있다고 경고했다. 이러한 위기 속에서 아레나를 중심으로 한 지역 경제 활성화 전략은 단순한 스포츠 인프라를 넘어 지속 가능한 도시 재생 모델로 일본에서 주목받고 있다. 스포츠는 지역의 활력을 되찾는 핵심 동력으로 작용할 수 있다. 스포츠를 중심으로 한 새로운 소비와 체험 공간이 지역 경제를 활성화시킨다는 점이 증명되고 있다.

4장

1인 가구:
혼자이기를 선택하다

　아시아에서 1인 가구 비중이 가장 높은 나라는 일본(38%)과 한국(36%)이다. 일본 총무성이 2021년 11월 발표한 2020년도 국세조사에 따르면, 일본의 1인 가구는 전체 가구의 38%를 차지한다. 다시 말해 10가구 중 약 4가구는 1인 가구라 보아도 무방하다. 이미 '1인 가구 대국'인 일본에서도 1인 가구는 지속적으로 증가하고 있다. 일본 국립인구사회보장연구소의 예측에 따르면, 1인 가구의 비중은 2050년 44.3%에 이를 것으로 전망한다.

　일본의 1인 가구를 연령별로 살펴보면 두 가지 뚜렷한 특징이 나타난다. 첫 번째는 중년 세대의 미혼율 상승이다. 50세 시점에 결혼하지 않은 사람의 비율은 남성은 28.3%, 여성은 17.9%에 달한다. 이는 2000년 당시 남성 12.6%, 여성 5.8%와 비교하면, 남성은 두 배 이상, 여성은 세 배 이상 증가한 수치다. 지난 20년간 가치관 및 가족관이 변화하면서 일본에서는 중년 이후에도 독신으로 살아가는 삶이 더 이상 특별하지 않게 되었다. 두 번째는 1인 고령 가구의 급증이다. 65세 이상 1인 가구는 671만 7천 명으로 고령자 다섯 명 중 한 명이 혼자 살고 있는 셈이다. 성별로 보면 남성이 230만 8천 명, 여성이 440만 9천 명으로 여성 고령 1인 가구가 현저히 많다. 이는 여성의 평균 수명이 남성보다 길기 때문이다.

　1인 가구의 증가는 새로운 상품과 서비스 등 다양한 비즈니스 기회를 만들어내고 있다. 그러나 동시에 초고령화와 맞물리면서 사회적 부담도 커지고 있다. 특히 혼자 사는 고령자는 동거 가족이 없기 때문에 사회적 돌봄이 필수적이며, 이를 위해 간병보험 제도의 강화와 간병 인력 확대 등 정책적 대응이 시급하다는 지적이 나온다. 또한 기존의 '결혼해 자녀를 양육하는' 전통적 가족 모델은 더 이상 일반적이지 않으며, 변화된 가족관을 인정하고 이에 맞는 사회 인프라를 구축해야 한다는 목소리도 높아지고 있다.

이번 장에서는 먼저 일본 소비자들이 '1인 가구'를 어떻게 바라보고 있는지, 그 가치관을 살펴본다. 이제 더 이상 '혼자'는 고독이나 외로움의 상징이 아니다. 오히려 적극적으로 혼자만의 시간을 즐기는 사람들이 늘어나고 있다. 이어서 1인 가구에게 인기를 끄는 제품과 서비스에는 어떤 것들이 있는지, 그리고 급증하는 시니어 1인 가구를 위한 대응 사례를 소개하고자 한다.

'1인 가구 대국'이라 불리는 일본이지만, 의외로 1인 가구만을 정조준한 상품이나 서비스가 그리 많지 않다. "정말 1인 가구의 니즈를 꼭 집었다" 싶은 사례가 아직 드문 상황이다. 그렇기에 빠르게 1인 가구가 증가하고 있는 한국에서 더 기발하고 창의적인 제품과 서비스가 등장하기를 기대한다. 일본의 사례들이 그 여정에 작은 참고가 되기를 바란다.

혼자를 선호하는 시대가 도래했다

'1인 가구'라는 단어를 들으면 어떠한 그림이 그려지는가? 혼자서 고독하게 지내는 이미지를 떠올리는 사람이 많을 것이다. 하지만 지금, 일본 사회에는 '나홀로족'이라 불리는 혼자만의 시간을 즐기는 사람들이 증가하고 있다. '혼자 지내는 것'을 즐기는 것이 개인의 성향을 넘어 사회 전반의 트렌드로 자리매김하고 있다.

혼자 있는 것이 좋습니다

'나홀로'라는 단어에서 우리는 '독신' '고립' '혼밥' '자유' 등 다양한 이미지를 떠올린다. 저출산, 고령화라는 거대한 흐름 속에서 1인 가구는 증가하고 있다. 특히 코로나19 팬데믹은 많은 이들에게 '나홀로'를 경험하게 했으며, 이에 대한 가치관도 변화되기 시작했다.

하쿠호도 생활종합연구소는 1993년과 2023년, 지난 30년간 일본인들의 '나홀로'에 대한 인식과 행동 변화를 추적 조사해왔다. 연구 결과는 1인 가구에 대한 가치관의 변화를 명확히 보여준다. 1993년 25~39세 남녀를 대상으로 한 조사에서 '혼자 있는 것이 좋다'고 답한 비율은 43.5%였지만 2023년 동일 조사에서는 56.3%로 10%p 이상 상승하며 과반을 넘어섰다. 이는 성별, 미혼 여부와 관계없이 '혼자'를 지향하는 사람들이 30년 전에 비해 뚜렷하게 늘어났음을 시사한다.

'혼자'에 대한 인식 변화뿐만 아니라, 실제 혼자만의 시간을 적극적으로 활용하는 사람들도 늘고 있다. '의식적으로 혼자만의 시간을 만들고 있다'고 답한 비율은 1993년 27.3%에서 2023년 49.1%로 크게 증가했다. 특히 혼자서 취미와 놀이를 즐기는 경향이 두드러진다. '혼자 몰입할 수 있는 취미가 있다'고 답한 사람은 1993년 58.1%에서 2023년 74.8%로 증가했으며, '취미나 놀이는 다른 사람과 함께하는 것보다 혼자 하는 것을 더 좋아한다'는 응답 역시 31.9%에서 44.2%로 상승했다. 이는 인터넷 환경이 발달함과 동시에 개인의 취향을 깊이 있게 탐구하고자 하는 욕구가 높아졌기 때문이다.

혼자 방문하고 싶은 장소에도 큰 변화가 나타났다. 1993년 조사에서 혼자 방문하고 싶은 장소를 '커피숍/카페'라고 답한 사람은 20%에 불과했으나 2023년 조사에서는 그 수치가 53%로 증가했다. '패스트푸드점' '우동집' '영화관' '패밀리 레스토랑' 또한 그 수치가 두 배 이상 증가, 과거에는 함께 방문하는 것이 일반적이었던 장소에서 이제 혼자 시간을 보내는 것에 대한 거부감이 사라지고 있다는 것을 알 수 있다. 특히 '커피숍/카페'에서 혼자 머무르는 것에 대한 거부감이 크게 줄었다. '커피숍에서 2시간 이상 혼자 있어도 괜찮다'라고 답한 비율이 1993년 7%에서 2023년 42%로 크게 늘었다. 이는 1인용 좌석의 증가, 스마트폰 보급, 인터넷 접속이 가능한 환경 등과 같은 요인이 복합적으로 작용한 결과다. 혼자 커피숍에 머무르는 시간 또한 평균 49분에서 114분으로 크게 늘었다.

'혼자서 하고 싶은 일'을 묻는 항목에서도 뚜렷한 변화가 감지된다. 특히 직장과 식사 관련 항목에서 '혼자'를 선호하는 경향이 강하게 나타났다. '회사 점심시간을 혼자 보내고 싶다'는 응답은 43%에서 76%로 크게 증가했으며, '휴일 출근' '야근' '회사 내 일상 업무' 또한 혼자 처리하고 싶다는 응답이 늘었다. 이는 집단 중심의 문화에서 벗어나 개인의 속도와 시간을 존중하려는 의식이 확산되고 있음을 보여준다.

이러한 '나홀로족'의 증가는 관계의 단절을 의미하는 것일까?

조사 결과는 오히려 '혼자'를 소중히 여기는 만큼 타인과의 관계 또한 중요하게 생각하는 경향을 보여준다. 교우 관계에서도 '우울할 때는 혼자 있는 것이 좋다'거나 '친한 친구라도 일정한 거리를 두고 싶다'는 응답이 증가하며 '혼족화' 경향을 보였지만, 동시에 '나는 사교적인 편이다'거나 '나는 사람들과 친하게 지내는 편이다'라는 응답 역시 증가했다. 이는 상황과 기분에 따라 '혼자'와 '함께'를 유연하게 선택하고자 하는 사람들이 늘고 있음을 시사한다.

다시 말해 타인과 지나치게 가깝거나 멀어지지 않는 적절한 거리감을 유지하려는 경향이 강해지고 있다. '지금은 혼자가 좋다' '지금은 사람들과 함께하고 싶다'와 같이 상황과 기분에 따라 스스로 선택하며 일상을 보내는 것이다. 즉, '나홀로'는 더 이상 독신이나 1인 가구를 의미하는 고정적인 개념이 아니라 때와 상황에 따라 유연하게 변화하는 라이프스타일의 한 형태로 이해해야 할 것이다.

25~39세를 대상으로 한 조사 결과뿐만 아니라, 20~69세까지 전 연령대를 대상으로 한 조사에서도 '혼자 있는 것을 좋아한다'는 응답이 고르게 나타났다는 점도 흥미롭다. 특히 40대 이상 중장년층에서 '혼자'를 선호하는 비율이 오히려 젊은 층보다 높게 나타났으며, 미혼자와 기혼자를 막론하고 '혼자'를 좋아하는 사람이 다수를 차지했다. 이는 일본 사회가 이미 '혼자가 좋아서 혼자 사는 사회'로 변화하고 있음을 강력하게 시사한다.

'나홀로족'의 증가는 자신을 고립시키는 것이 아니라 개인의 자유와 편안함을 추구하면서도 타인과의 관계를 소홀히 하지 않으려는 새로운 사회적 흐름으로 이해해야 할 것이다. '혼자'와 '함께'를 유연하게 조화시키는 방향으로 의식이 변화되고 있는 것이다.

때로는 혼자, 때로는 함께, 고독을 선택하다

1993년과 2023년을 비교한 조사에서 알 수 있듯이 연령, 성별, 결혼 여부와 상관없이 '혼자'를 지향하는 사람들이 꾸준히 늘어났다. 특히 눈에 띄는 점은 사람들과 너무 가까워지지도 너무 멀어지지도 않는 적당한 거리감을 유지하며, 기분이나 상황에 따라 "지금은 혼자가 좋아" 혹은 "지금은 누군가와 함께 있고 싶어"라고 스스로 조절해가며 살아가는 모습이다. 이제 '혼자'라는 상태는 미혼이나 독거처럼 고정된 속성이 아니라, 필요에 따라 자율적으로 선택할 수 있는 '모드'로 변해가고 있는 것이다.

많은 사람은 '혼자'라고 하면 조용하고 차분한, 정적인 이미지를 떠올린다. 그러나 최근 소비자들의 모습을 보면, '혼자'는 점점 더 능동적이고 동적인 상태로 인식되고 있다.

사람들은 혼자인 시간을 통해 감수성을 높이고, 자신을 더 깊이 이해하며, 때로는 새로운 사람이나 사건을 맞이하기도 한다. 이처

드라마 <솔로 활동 여자의 추천>
출처: TV도쿄(www.tv-tokyo.co.jp/solokatsu5/gallery)

럼 '정적인 혼자'에서 '동적인 혼자'로의 인식 변화는 앞으로의 생활 전반에 새로운 방향성을 제시하는 핵심 키워드가 될 수 있다.

이러한 변화는 미디어에서도 확인할 수 있다. 2021년 TV도쿄에서 방영한 〈솔로 활동 여자의 추천(ソロ活女子のススメ)〉이라는 드라마가 있다. 이 드라마의 주인공은 퇴근 후 회식 자리를 피해 혼자서 중식당 풀코스를 즐기고, 혼자서 헬기 투어에 나서고, 심지어는 솔로 장례식 체험까지 도전한다. 사회적 시선이나 타인의 기대에서 벗어나 자유롭게, 오직 자신만의 시간과 취향을 소중히 여기는 삶을 보여준다. 드라마는 해외에서도 호평을 받아 시즌 5까지 제작된 상태다.

이 드라마의 인기는 일본 사회의 흐름을 반영하기도 하지만 '혼자인 삶을 어떻게 살아갈 것인가'에 대한 하나의 선택지를 보여주고 있다. 결혼해서 가족을 꾸리는 삶뿐만 아니라 다양한 삶의 방식이 존재한다는 것을 보여주며, 혼자이기에 누릴 수 있는 풍요로움을 담아냈다. 드라마의 주인공은 여태까지 많은 이들이 가지고 있던 '혼자=고독'이라는 선입관을 깨고 있다. 혼자라는 상태를 외롭거나 특별한 것으로 그리지 않으며, 오히려 혼자이기 때문에 가능한 즐거움, 예를 들어 남의 눈치를 보지 않고 온전히 자신에게 집중하는 식사라든가 한가롭게 둘러보는 전시 등 솔로 라이프의 매력을 자연스럽게 드러내고 있다.

드라마뿐만 아니라 '한 달에 한 번의 사치'를 위해 혼자 일류 호텔에서 머무는 젊은이들의 이야기를 담은 만화도 인기를 끌고 있

다. 『나홀로 호텔(おひとりさまホテル)』은 2022년 잡지 연재를 시작으로 단행본이 3권까지 출간된 작품으로, 관광이나 출장 등의 목적 없이 '숙박 그 자체'를 즐기기 위해 호텔에 체류하는 1인 가구를 그리고 있다.

작품 속 인물은 혼자서 고급 호텔에 머무르는 동기를 이렇게 설명한다.

만화 『나홀로 호텔』
출처: 출판사 신초사 홈페이지
(www.shinchosha.co.jp/book/772557)

"누군가가 사람을 기쁘게 해주고 싶다는 마음으로 만든 공간에 나 자신을 맡기고 싶다."

"스스로는 만들 수 없는 멋진 것들에 둘러싸이고 싶다."

그들은 원하는 시간에 잠들고, 원하는 시간에 목욕하며, 밤에는 조용히 거리를 걷는다. 타인의 시선에서 벗어나 자신만의 시간을 고요히 누린다.

하쿠호도 생활종합연구소는 최근 다양한 분야에서 확산되고 있는 나홀로 소비 경향을 '혼자 마그마(ひとりマグマ)'라는 이름의 리포트로 정리했는데, 이러한 흐름은 단순한 유행이 아닌 일본 사회가 걸어온 '1인 가구의 역사(ひとり史)'의 진화로도 설명할 수 있다고 전한다.

하쿠호도 보고서에 따르면, 일본의 1인 문화는 네 단계에 걸쳐 변화해왔다. 1970년대까지는 '혼자는 있을 수 없는' 시대이자 혼자 있는 것이 평범하게 받아들여지지 않는 시대였다. 그러다 1980년대부터 1990년대 초반에 걸쳐 일하는 여성이 증가하고 1인 가구가 등장하면서 '혼자일 수도 있는' 시대로 전환됐다. 이어 2000년대는 가족, 지역, 학교, 직장 같은 여태까지 당연하다고 여겨지던 집단이 조금씩 해체되면서 '혼자일 수밖에 없는' 시대가 도래했다. 그리고 2010년 이후 일본은 '혼자 있어도 괜찮은 시대'에 접어들었다고 진단한다. 이제는 가족과 함께 있어도 각자의 이어폰으로 음악을 듣고, 음악 페스티벌이나 영화 관람도 혼자 즐기는 사람들이 늘고 있다. 카페에서 홀로 커피를 음미하거나, 오롯이 나를 위한 시간을 계획하는 것은 더 이상 특별한 일이 아니다.

이러한 흐름은 최근 한국에서도 발견되고 있다. 〈나 혼자 산다〉와 같은 예능이 인기를 끌고 있으며 혼자만의 시간을 보내는 모습이 멋지게 묘사되고 있다.

이렇게 일부러 혼자이길 자청하는 사람들이 늘면 우리 사회에 어떠한 변화가 생길까?

첫째, 사람과의 관계 방식이 달라질 것으로 예상한다. 예를 들어 그 지역에 실제로 거주하지 않지만 관계를 맺고 있는 '관계 인구'처럼, 혼자 자유롭게 이동하는 개인을 중심으로 한 새로운 관계가 늘어날 것이다. 대표적으로 커뮤니티의 증가를 들 수 있다. 학연, 지연, 혈연으로 묶인 관계가 아닌 공통의 취향, 취미, 관심사를 공유하는 사람들이 모여 관계를 맺고 커뮤니케이션하는 집단이 늘게 된다.

둘째, 인생을 설계하는 방식이 바뀌게 된다. 불확실성이 큰 시대이자 100세 시대인 지금, 인생을 한 가지 방식으로만 살아갈 수 없다. 특히 1인 가구는 자신의 가능성을 재발견하고, 전환의 기회를 능동적으로 만들어가며 삶을 유연하게 조율해가야 할 것이다. 이는 변화의 시대를 살아가기 위한 핵심 생존력이 될 것이다.

마지막으로 시장의 구조가 바뀔 것이다. 지금까지의 제품과 서비스는 대부분 가족 단위나 일반적인 1인 가구를 대상으로 설계되었다. 하지만 '혼자'를 위한 시장은 단순히 제품을 작게 만들거나 기능을 축소하는 것이 아니다. 오히려 '혼자'만이 누릴 수 있는 고품질의 경험과 만족을 제공하고, 혼자하는 생활에서 마주치는 불편과 장애 요소를 줄여주는 지원 설계가 필요하다.

> "결혼보다
> 덕질이 좋아요"

최근 일본의 서점을 방문하면 눈에 띄는 책이 있다. 『나를 더 사랑하게 되는 ♡ 해피 – 귀여움의 법칙(自分をもっと好きになる♡【ハピかわ】かわいいのルール)』이라는 책이다. 2019년 이케다 쇼덴(池田書

책 『나를 더 사랑하게 되는 ♡ 해피 - 귀여움의 법칙』
출처: 이케다 쇼덴 출판사 홈페이지(ikedashoten.co.jp)

店) 출판사가 초등학생과 중학생을 대상으로 만든 교육용 만화책이다. 다른 사람의 집에 초대받았을 때의 매너, 청소 및 급식 당번이 되었을 때의 팁과 같은 학교생활에 도움이 되는 내용 등을 담았다.

그런데 2024년부터 심상치 않은 흐름이 포착된다. SNS에서 40대 여성들 사이에서 "어른들이 읽어도 좋다"는 내용의 글이 올라오면서 어른들이 관심을 갖기 시작한 것이다. 여성들에 이어 남성들 사이에서도 "사회인으로서의 소프트 스킬을 기를 수 있다"는 내용의 게시물들이 연이어 올라오자 이 책은 급격히 화제를 모았다. 그러더니 발행된 지 5년이 지난 시점에서 뒤늦게 베스트셀러가 되며 누적 19만 부를 판매했다.

초등학생을 대상으로 만든 책이 왜 30~40대의 어른들에게 인기를 끈 것일까? 이 책에는 매너를 가르치는 내용뿐만 아니라 초등학생이 자기 자신에게 관심을 가지고 장점을 찾도록 도와주는 내용이 실려 있다. 자신의 장점은 무엇인지, 잘하는 것은 무엇이며, 못하는 것은 무엇인지를 생각해보도록 하는 내용이 어른들에게도 도움이 된 것이다.

이러한 현상을 어떻게 해석해야 할까? 하쿠호도 생활종합연구소는 "앞으로는 '자신 역사상 최고'라는 말이 키워드가 될 것"이라고 분석한다. 타인과 비교하고 경쟁하는 것이 아니라 자신을 기준으로 살아가며, 자신을 계발하는 데서 즐거움을 느끼려는 욕구가 강해지고 있다. 이 책이 인기를 끈 이유도 자신에 대해 잘 알고 자신을 긍정적인 방향으로 업그레이드시키고 싶은 어른들의 욕구가 표출된 것이다. 이러한 흐름은 점점 강해져 최근 자신의 스킬을 높이거나, 자격증을 취득하거나, 시간을 효율적으로 사용하는 방법과 같은 자기 계발을 주제로 한 서비스나 콘텐츠가 확산되고 있다.

이러한 소비 트렌드에는 1인 가구의 증가가 큰 배경으로 자리 잡고 있다. 2025년 일본에서는 1인 가구가 전체의 40%에 달할 것으로 전망된다. 이에 따라 1인 소비는 더욱 진화할 수밖에 없다. 사람들은 자신만을 위한 소중한 물건에 지출하고, 혼자만의 시간을 소중히 여기며 즐기는 경향이 강해질 것이다. 이미 휴대용 셀프 마사지 기기 같은 제품이 큰 인기를 얻고 있으며, 최근 밸런타인데이에는 다른 사람에게 주는 초콜릿보다 자기 자신을 위해 초콜릿을 구입하는 사례가 늘고 있다. 이제 기업들도 '자신을 위한 소비'라는 관점으로 시장을 바라보는 시각을 키워야 할 것이다.

1인 가구 증가는 앞서 2장에서 살펴본 '취향 소비'와 '오시카츠(응원, 덕질) 소비'와도 연결된다. 정말 좋아하는 것은 오히려 혼자일 때 더 깊이 즐길 수 있다는 인식이 확산되고 있으며, 개인의 취향을 중시하는 트렌드와 맞물리며 더욱 강화되고 있다. 대표적인 사례가 자신의 최애와 망상 채팅을 즐길 수 있는 앱이다.

"들어줬으면 하는 이야기가 있어요."

채팅 상대는 성격과 말투를 자신의 취향대로 설정한 남자 아이돌이다. 1분도 채 안 돼 "무슨 일 있어? 언제든 들어줄게. 편하게 말해봐"라는 답장이 돌아온다. 직장 상사 뒷담화부터 친구 관계 고민까지 털어놓으면, "힘든 상대와는 거리를 두는 것도 중요해. 자신을 소중히 여겨"와 같은 공감과 조언이 이어진다. 말하는 상대가 실제 인공지능이라는 사실을 잠시 잊게 만들 정도다.

이 앱을 만든 오시블룸의 시바타(柴田) 대표는 젊은 세대가 관계에서 오는 상처를 두려워하며, 타인과의 적절한 거리를 유지할 수 있는 덕질에서 편안함을 느낀다고 진단한다. 실제로 한정된 시간과 돈을 덕질에 투자하는 젊은 세대에게 연애는 우선순위에서 밀릴 수밖에 없다. 비주얼 록 밴드의 열렬한 팬인 20대 여성은 "연애를 하면서 주말 계획을 강요받을 바에는 지금은 덕질을 우선하고 싶다"

자신의 최애와 채팅을 즐길 수 있는 앱
출처: 오시블룸 홈페이지(oshimy.com)

라고 솔직하게 털어놓는다.

실제로 2024년 일본의 혼인 건수는 2년 연속 50만 건을 밑돌며 역대 최저 수준을 기록했다. 이러한 사회적 변화 속에서 젊은 세내 사이에서는 덕질, 즉 자신이 좋아하는 분야나 대상을 열정적으로 파고드는 행위가 새로운 사회적 현상으로 자리 잡았다. 덕질 문화는 연애와 결혼에 대한 가치관 변화와 맞물려 새로운 사회 풍경을 만들어내고 있다는 분석도 나온다.

덕질이 개인에게 주는 긍정적 영향도 주목할 만하다. 도호쿠대

학교 가정의학연구소의 타키 야스유키 교수는 "좋아하는 대상을 보며 느끼는 두근거림은 도파민 분비를 촉진해 행복감을 높이고 스트레스 레벨을 낮추는 효과가 있다"라고 설명한다. 실제로 카나가와현의 33세 여성은 한국 인기 아이돌 그룹 BTS의 한국 공연을 보기 위해 항공권과 콘서트 티켓까지 포함해 한 번에 10만 엔(100만 원)을 지출했지만, 덕분에 영어와 한국어 공부에 흥미를 느끼고 교우 관계도 넓어지는 긍정적인 변화를 경험했다.

특히 SNS 발달은 '최애'를 더욱 가까운 존재로 느끼게 한다. 현재 일본 사회는 '3명 중 1명은 최애가 있는 시대'라고 해도 과언이 아니며 이는 1인 가구의 증가와 함께 맞물리며 상승 작용을 일으키고 있다. 1인 가구가 늘어나면서 혼자만의 시간을 즐기는 사람이 많아졌고, 혼자 있는 시간이 많아질수록 자기만의 취향을 탐구하고 이에 맞춘 소비를 하기 때문이다. 특히 1인 가구는 덕질 및 응원 소비에 쓰는 시간과 돈을 비교적 자유롭게 배분할 수 있기에 굿즈 구매, 이벤트 참여 등 '혼자 즐기는 취향 소비'에 크게 공헌하고 있다. 즉, 지금 1인 가구의 증가와 응원 소비는 서로 영향을 주고받으며 그 흐름을 강화하고 있다.

1인 가구를 위한
제품과 서비스

2025년 일본 전체 가구의 약 40%가 1인 가구다. 혼자 사는 삶이 더 이상 특수한 것이 아닌 보편적인 삶의 형태가 되고 있다 보니 자연스럽게 1인 가구를 겨냥한 제품과 서비스도 등장하고 있다. 과거 대부분의 상품과 서비스가 3인 이상의 가족을 대상으로 설계되었지만 이제는 혼자 사는 사람들의 실질적인 필요와 취향을 반영한 상품이 늘고 있다. 1인 가구를 위한 가전제품뿐만 아니라 소포장 식품, 혼자서도 즐길 수 있는 서비스 등 '혼자'를 전제로 한 제품과 서비스가 등장하고 있다.

좁은 공간에서 빛나는 '스페파' 가전

빠르게 늘어나는 1인 가구는 주거 문화와 소비 트렌드에도 적지 않은 영향을 미치고 있다. 그중 주목할 키워드는 '스페파(スペパ)'다. '스페이스 퍼포먼스(Space Performance)'의 줄임말인 스페파는 한정된 공간을 얼마나 효율적으로 활용할 수 있는지를 중시하는 개념이다. '코스파(가성비)' '타이파(타임 퍼포먼스, 시간 효율)'에 이어 이제는 소비자들이 '공간의 효율성'을 따지는 것이다.

이러한 변화는 지난 10년간 일본의 평균 주택 면적이 점차 줄어들고 가격이 상승한 현실과 맞닿아 있다. 주택 가격이 상승하면서 넓은 공간을 포기하고 '내가 감당할 수 있는 면적' 안에서 생활을 꾸려야 하는 상황이 늘어나고 있다. 이는 자연스럽게 가전제품 및 가구의 크기와 형태에도 영향을 미치고 있다.

특히 1인 가구는 좁은 공간을 최대한 효율적으로 활용하고자 하는 니즈가 강하다. 이에 따라 설치 면적을 최소화하면서도 성능

공간 효율성을 중시하는 1인 가구를 타깃으로 한 가전제품
출처: 아이리스 오야마 홈페이지(www.irisohyama.co.jp/newlife)

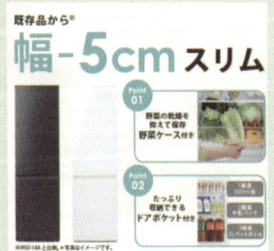  

은 유지하거나 오히려 개선한 '스페파 가전'이 주목받고 있다. 최근 다양한 브랜드가 혼자 사는 이들의 공간을 효율적으로 활용하면서도 편리함을 동시에 만족시키는 제품들을 출시하고 있다.

일본의 종합 생활용품 브랜드인 아이리스 오야마(IRIS OYAMA)는 1인 가구 대상의 '스페파 가전' 시리즈를 출시해 주목을 받았다. 시중의 제품보다 폭이 5cm 좁은 슬림한 냉장고, 폭이 아니라 높이를 1.5cm 늘려 용량을 2kg 키운 드럼 세탁기 등이 인기를 끌고 있다. 아이리스 오야마뿐만 아니라 다양한 제조사에서 A4 용지 크기만 한 식기세척기, 조명과 서큘레이터를 결합한 제품, 밥과 반찬을 동시에 조리할 수 있는 밥솥 등을 개발했다.

이러한 스페파를 의식해 개발한 가전제품의 특징은 '융합'이다. 하나의 제품에 다양한 기능을 결합해 공간을 절약하면서도 삶의 질을 높이는 것이다. 예를 들어 파나소닉의 밥솥과 쌀통이 합쳐진 소형 밥솥은 폭이 18cm에 불과하며, 외출 중에도 앱으로 조리 예약이 가능해 1인 가구에 최적화된 제품이다. 가습기와 공기청정기를 합친 테이블형 가전이나, 가전 제조사 히타치와 가구 브랜드가 협

인테리어 가구처럼 보이는 가전제품
출처: 히타치 판매 홈페이지(store.kadenfan.hitachi.co.jp)

업해 만든 가구처럼 보이는 냉장고도 등장했다.

　스페파 가전 중 가장 주목받은 제품은 파나소닉이 2020년에 출시한 '솔로타(SOLOTA)' 식기세척기다. 이 제품은 수도를 연결하는 공사가 필요 없는 탱크식 식기세척기로 설치에 대한 부담이 없다. 솔로타는 A4 용지보다 조금 큰 공간만 있으며 사용이 가능하다는 점이 가장 큰 매력이다.

　솔로타를 개발할 때 파나소닉은 20~30대 사내 직원 중 1인 가구를 대상으로 설문 조사를 진행했다. 요리는 자주 하지 않고 배달이나 테이크아웃을 해서 집에서 식사하는 1인 가구의 생활 습관을 분석한 결과, 자주 사용하는 식기 6개만 세척 가능한 제품이 이상적이라는 결론에 도달했다.

　사용법도 간단하다. 식기를 넣고 전용 세제를 넣은 뒤 물탱크를 장착한 후 시작 버튼을 누르면 세척이 시작된다. 큰 접시, 작은 접시, 찻잔, 포크 등 6점의 식기류를 세척할 수 있으며, 비록 크기

1인 가구용 식기세척기 솔로타
출처: 파나소닉 홈페이지(panasonic.jp/dish/products/NP-TML1.html)

는 작지만 세척 성능은 대형 모델에 뒤지지 않는다. 6점만 세척이 가능한 소형 제품이라 '수요가 있을까'라는 생각도 들지만 의외로 20대, 특히 남성들에게 호평을 받고 있다. 외출 시 식기세척기를 돌리고 나가면 집에 돌아와 다시 식기를 사용할 수 있기 때문이다.

스페파 가전은 1인 가구의 생활 방식, 소비 패턴, 공간 활용 방식을 반영한 결과물이다. 그리고 이러한 '작아서 불편한 제품'이 아니라 '작아서 더 좋은 제품'을 찾는 1인 가구가 늘고 있다. 스페파 가전이라고 이름 붙이지는 않았지만 1인 가구를 겨냥한 소형 가전도 다양하게 등장하고 있다.

특히 산코(THANK, サンコー) 브랜드의 제품은 일본 내 1인 가구 사이에서 인기가 높다. 산코를 대표하는 베스트셀러 제품은 1인 가구를 위한 소형 밥솥이다. 도시락통처럼 생겼지만 쌀 1홉(180ml, 1컵) 분량은 19분, 반 컵 분량은 14분 만에 밥을 지어주는 전기밥솥이다. 혼자 사는 직장인이 귀가 후 약 15분 정도면 갓 지은 밥을 바로 즐길 수 있으며, 아침에 도시락을 준비하는 경우라면 밥이 완성되면 전원 코드를 뽑아 그대로 들고 나가면 된다. 전원 코드를 포함한 전체 무게는 840g에 불과해 매우 가볍고 콤팩트하며, 사용 후 세척 또한 간편하다. 이 제품은 2019년 말 출시 직후 이틀 만에 전량 매진될 정도로 큰 인기를 끌었다. 2개월 뒤 2만 대를 추가 생산했는데, 이 또한 순식간에 판매되었다.

솔로족을 위한 콤팩트 가전은 기존에는 전자레인지, 믹서기, 커피 머신 등 필수 가전이 대부분이었다. 그러나 최근에는 1인 가구

다양한 1인 가구용 소형 가전을 만드는 산코의 제품들
출처: 산코 홈페이지(www.thanko.jp)

의 라이프를 보다 풍요롭게 해주는 엔터테인먼트 성격이 강한 제품도 등장하고 있다. 대표적인 제품은 집에서 나만의 이자카야를 즐길 수 있게 해주는 닭고기 꼬치 전용 조리기다. 일본 선술집(이자카야)에서 인기 있는 메뉴인 닭꼬치는 굽는 과정에서 연기가 많이 발생해 집에서 만들기 어려운 요리 중 하나다. 산코의 조리기는 꼬치 재료를 기계에 넣으면 자동으로 회전하며 닭고기를 구워주는데, 연기가 발생하지 않는다. 가로 18cm, 세로 18cm, 높이 27cm로 테이블 위에 놓고 사용하기 적당한 크기로 퇴근 후 집에서의 혼술 시간을 한층 즐겁게 만들어준다. 가격도 6만 원대로 저렴하다.

이처럼 1인 가구를 위한 소형 가전은 제한된 공간과 시간 속에서 효율적이면서도 실용적인 생활을 가능하도록 설계되었다. 편리함, 소형, 디자인이라는 세 가지 요소를 모두 만족시키는 가전제품들이 지금 1인 가구의 집을 점령하고 있다.

관광객이 소멸한 호텔, '솔로 사우나'로 부활하다

코로나19가 전 세계를 덮친 2020년 이후, 일본을 방문하는 외국인이 급감하면서 숙박 및 관광업계는 곤경에 처했다. 특히 외국인 관광객의 방문이 많은 도쿄에서는 호텔의 폐업이 잇따랐다. 그중 한 호스텔이 위기를 극복할 시책으로 시작한 솔로 사우나가 큰 인기를 끌었다.

도쿄의 카구라자카에 2020년 12월 오픈한 '솔로 사우나 튠(Tune)'은 당시 예약이 힘들 정도로 화제가 되었다. 솔로 사우나 튠은 이름 그대로 모든 사우나가 개인실로 만들어진 곳으로 어떠한 홍보를 하지 않았음에도 불구하고 입소문을 타면서 유명해졌다. 특히 코로나19로 인해 다른 사람과의 접촉을 피하면서 온전히 자신만의 사우나에 몰입할 수 있다는 점에서 호평을 받았다.

솔로 사우나의 창업자 엔도 씨는 "평소 사우나를 좋아해서 자주 갔는데 코로나19 이후 가족들이 사우나를 가지 말라고 당부했다. 그래서 '다른 사람과 접촉 없이 혼자서 즐길 수 있는 사우나가 있다면 좋지 않을까'라는 생각을 하게 됐다. 창업 멤버들은 전혀 다른 일을 하던 이들이지만 지겨울 정도로 사우나 이야기만 하는 사람들이 모였다"라며 솔로 사우나를 시작하게 된 계기를 밝힌다.

도쿄 내 사우나 요금은 약 1만 원에서 2만 원 사이가 대부분인 반면, 튠의 요금은 60분에 약 4만 원으로 꽤 비싼 편이다. 결코 싼 가격이 아님에도 불구하고 인기가 높은 이유가 무엇일까? 어떤 점에 사람들은 솔로 사우나에 매료되고 있을까?

튠의 실내는 다크 그레이 컬러로 통일되어 있고 간접 조명만을 사용해 밝기를 최대한 억제함으로써 편안하고 아늑한 분위기를 연출한다. 나만의 시간에 집중할 수 있는 환경을 조성한 것이다.

사우나의 실내 온도는 섭씨 75~85도, 습도는 낮게 설정되어 있으며, 사우나의 본고장인 핀란드에서 수입한 사우나 스토브를 사용하고 있다. 핀란드식 사우나에서는 사우나 돌에 아로마 물을 뿌려 발생한 증기를 쐬는 '로류(핀란드어 löyly)'라는 행동을 하는데, 이는 릴랙스 효과를 높인다. 혼자서 묵묵히 사우나 돌에 물을 뿌리며 즐기는 로류는 캠핑의 백미인 '불멍'과 비슷한 느낌이다.

또한 약 2m 길이의 벤치를 마련해 다리를 뻗거나 누워서 휴식을 취할 수 있는데, 벤치를 마련한 이유에 관해 튠은 〈닛케이 신문〉과의 인터뷰에서 다음과 같이 전한다.

"일반적으로 다른 사람이 있는 사우나에서는 앉아서 즐기는 사람이 대부분이다. 그러면 머리와 발끝에서 느끼는 온도가 10도 정도가 달라진다. 하지만 개인실이라면 마음껏 누워서 전신에 걸

솔로 사우나 튠
출처: 솔로 사우나 튠 홈페이지(solosauna-tune.com)

쳐서 균일한 온도를 즐기는 것이 가능하다."

냉탕은 없지만 샤워기가 설치되어 있고 냉각기에 의해 수온은 섭씨 15도 전후로 유지되고 있어 원할 때는 언제나 몸을 식힐 수 있다. 또한 사우나실 내 와이파이 스피커가 설치되어 있어 자신이 좋아하는 음악을 들으며 사우나를 즐기는 것도 가능하다.

튠의 창업자인 엔도 씨는 "이렇게까지 반응이 좋을 줄 몰랐다. 솔로 사우나를 맛보고 싶다며 다른 현에서 일부러 방문하는 사람들도 의외로 많다"라며 예상을 뛰어넘는 성공에 기뻐한다.

엔도 씨는 또한 솔로 사우나는 외국인 관광객에게도 인기를 끌 수 있을 것으로 예상한다. 사우나와 온천 문화가 친숙한 핀란드와 일본, 아시아의 일부 국가 이외의 사람들은 다른 이들 앞에서 벌거벗는 것에 거부감을 가진다. 하지만 솔로 사우나라면 이런 문화에 익숙하지 않은 외국인들도 쉽게 시도해볼 수 있을 것이다.

튠은 고객들의 재방문율이 높다. 남성에 비해 여성 전용 사우나 시설이 적기 때문인지 여성들의 수요도 높다. 총 4개의 개인실이 있는데, 그중 1개는 그룹 룸이다. 이곳은 최대 3명에서 이용 가능(남녀 이용은 불가)한데, 장애인이 있는 가족이 방문하는 경우도 있다.

"다리나 눈이 나쁜 부모와 함께 방문하는 가족도 있었다. 사고 등으로 인해 부상 자국이 심하거나 몸에 콤플렉스를 가지고 있는 사람들의 방문도 종종 보인다."

솔로 사우나 튠은 인바운드 관광객을 타깃으로 운영하던 호스텔인 언플랜(UNPLAN)의 도미토리 룸을 개조해 만들었다. 언플랜 숙박객의 80~90%가 외국인 고객으로, 코로나19 이전 가동률은 90%를 초과하며 비즈니스는 순항 중이었다. 하지만 코로나19 팬데믹의 영향으로 숙박 이용자가 70~80% 감소했다.

대표 후쿠야마 다이키(福山大樹) 씨는 "코로나19가 곧바로 수습되리라 생각하지 않았다. 무엇인가 새로운 것을 시작하지 않으면 안 된다는 위기감이 있었던 와중, 완전 개별 룸에서 혼자서 본격적으로 핀란드식 사우나를 즐길 수 있는, 여태까지 없던 사업을 시작할 장소를 찾고 있다는 정보를 들었다"고 말한다. 후쿠야마 씨는 호스텔 공간의 약 20%를 차지하던 도미토리 룸을 개조해 솔로 사우나 튠에 대여했다. 물론 운영하던 공간을 사우나로 바꾸는 것이 쉬운 결단은 아니었지만 후쿠야마 씨의 판단이 옳았다는 것을 솔로 사우나의 인기가 증명하고 있다.

혼자여도 부담 없는 서비스

일본 방송사 TV도쿄는 1인 가구를 대상으로 '혼자서 들어가기 가장 힘든 장소'를 묻는 설문 조사를 실시했다. 1위는 음식점으로, 특히 야키니쿠(불고기 전문점), 이자카야, 고급 레스토랑이 지목되었다. 2위는 가라오케(노래방), 3위는 볼링장, 4위는 테마파크, 5위는 여행지 중 온천이었다.

일본에서는 혼밥과 혼술을 하는 사람을 흔히 볼 수 있지만, 솔로족들은 여전히 4인석에 혼자 앉아 고기를 굽거나, 고급 레스토랑에서 1인분을 주문하는 것에 심리적 부담을 느낀다. 이에 최근 일본에서는 혼자서도 부담 없이 편안하게 즐길 수 있는 서비스들이 속속 등장하고 있다. 특히 설문 조사에서 상위에 오른 장소들을 중심으로, 솔로족을 타깃으로 한 비즈니스 모델이 주목받고 있다.

대표적인 사례가 1인 고객 전용 불고기집 '야키니쿠 라이크(焼肉ライク)'다. 2018년 8월 1호점을 오픈한 이후 빠르게 점포를 확대해, 2024년 7월 기준 총 84개의 점포를 운영하고 있다. 야키니쿠 라이크는 매장 좌석의 80% 이상을 1인석으로 구성하고, 각 좌석에 작은 화로를 설치했다. 칸막이를 두어 옆 사람이나 앞 좌석으로부터 방해를 받지 않도록 설계되었다. 주문 과정은 태블릿 단말기를 통해 이루어지며, 다양한 부위의 고기를 소량으로 주문할 수 있어 솔로족들의 심리적 부담을 최소화했다.

외식 산업뿐만 아니라 여행 산업 역시 1인 가구를 고객으로 끌어들이기 위한 전략을 적극적으로 전개하고 있다. 대표적인 사례가 참가자 전원이 혼자서 신청하는 '1인 고객 한정 투어' 상품이다. 이 상품은 일반 패키지여행과 마찬가지로 가이드와 함께 정해진 일정을 소화할 수 있어 여행지를 효율적으로 돌아볼 수 있다는 장점이 있다. 여행을 원하지만 교통수단이나 일정을 혼자 계획하는 데 부담을 느끼는 1인 가구를 타깃으로 하며, 특히 언어 장벽이 존재하는 해외여행에서는 그 수요가 더욱 크다.

    1인 고객 한정 투어는 이러한 부담을 해소하는 동시에 개인의 프라이버시를 보장한다. 버스로 이동할 때는 혼자 두 좌석을 사용할 수 있으며, 호텔 객실 또한 1인 단독 사용을 보장해 자신만의 공간을 확보할 수 있다. 더불어 관광지나 식당에서는 다른 참가자들과 자연스럽게 어울릴 수 있어, 자칫 외로워질 수 있는 여행이 새로운 만남과 교류의 기회로 이어진다. 이 같은 특성으로 인해 해당 상품은 연령대에 상관없이 인기를 얻고 있으며, 특히 여성 고객층에

솔로 캠핑을 주제로 한 드라마
출처: TV도쿄(www.tv-tokyo.co.jp/hitoricamp)

서 호응이 높다. 최근에는 다양한 여행사가 경쟁적으로 관련 상품을 출시하고 있다.

또 하나 주목할 만한 흐름은 '솔로 캠핑'이다. 일본에서는 솔로 캠핑을 주제로 한 드라마가 제작될 정도로 사회적 관심이 높아졌다. 이에 따라 캠핑 장비 역시 솔로족을 겨냥해 변화하고 있다. 작은 크기로 휴대성을 강화하거나, 두 가지 이상의 기능을 결합해 짐을 최소화한 제품들이 등장했다. 또 혼자서도 손쉽게 설치할 수 있는 텐트나 테이블은 특히 여성 고객 사이에서 주목을 받고 있다.

최근 일본의 트렌드를 보면 1인 가구가 부담 없이 가벼운 마음으로 혼자서 참가할 수 있는 활동이 많아지고 있다. 이러한 서비스들은 1인 가구의 심리적 부담감을 낮추어 주고, 다른 사람과의 불필요한 접촉을 피하면서 혼자만의 공간 확보가 가능하도록 설계되고 있다.

급증하는
시니어 1인 가구

일본은 지금 본격적으로 고령 1인 가구 사회로 진입하고 있다. 일본의 '고령사회백서'에 따르면, 2024년 기준 65세 이상 인구는 약 3,600만 명이며, 이 중 32%가 혼자 살고 있다. 지역별로 살펴보면 수도인 도쿄에 1인 고령 가구가 많으며, 2020년 도쿄 내 약 50만 명에 달하는 시니어 1인 가구가 2050년에는 90만 명에 이를 것으로 전망한다.

　1인 고령 가구가 증가하는 가장 큰 이유는 미혼율의 상승이다. 2020년 인구주택총조사에 따르면, 50세까지 한 번도 결혼하지 않은 이들의 비율을 나타내는 '평생 미혼율'은 남성 28%, 여성 18%로 역대 최고치를 기록했다. 동시에 일본인의 건강 수명은 꾸준히 늘고 있다. 현재 남성의 건강 수명은 73세, 여성은 75세로 15년 전과 비교하면 2~3세 증가했다.

이러한 변화 속에서 간병이나 특별한 돌봄을 필요로 하지 않고 건강하게 생활하는 고령 1인 가구가 늘어가고 있으며, 이들을 위한 셰어하우스와 같은 새로운 주거 형태에 대한 수요도 높아지고 있다.

고령 1인 가구 위한
새로운 주거 방식, 셰어하우스

"회사에서 퇴직하고 혼자 살고 있다. 자유로운 나날이지만 사람들과 대화할 기회가 적어 셰어하우스로 입주를 생각하고 있다."

한 고령자의 고민이다. 1인 고령 가구가 증가하면서 일본 내 고령자를 위한 셰어하우스가 증가하고 있다. 2021년 봄, 도쿄 에도가와구에 한 채의 셰어하우스가 탄생했다. 주로 젊은이들 머무는 셰어하우스일 것 같지만 이곳의 입주자들은 조금 특이하다. 현재 거주 중인 4명은 모두 60~70대 여성이다. 희망자에게는 직업을 소개해주는 서비스까지 제공하는 이곳은 일본 최초의 '일자리를 연계해 주는 고령자 셰어하우스'다. 구에서 운영하는 빈집 대책사업을 이용해 방 6개와 거실, 주방이 있는 이층집을 리모델링해 셰어하우스로 만들었다. 2층의 방 4개를 입주자 각자의 방으로 사용하고 거실, 부엌, 욕실 등은 공용이다.

왜 셰어하우스를 선택했을까? 71세의 여성은 "혼자 살 때는 외로워 견딜 수가 없었다. 잘 때도 TV를 켜 두었다"고 말한다. 74세의 여성은 "여기라면 고독사 걱정이 없다"고 이유를 설명한다. 낮에는 각각 아르바이트를 하러 나가고, 저녁에는 거실에서 이야기꽃을 피운다. 휴일에는 서로 자유롭게 보내는데 '너무 가깝지도 않고 너무 멀지도 않은' 적당한 거리감을 가지는 것이 서로에게 좋다고 한다.

고령 1인 가구에 있어 주거 문제는 절실하다. 건강에 문제가 없더라도 나이를 이유로 임대 계약을 거절당하는 일 또한 적지 않다. 나이가 들수록 부상이나 병에 대한 걱정도 깊어져만 간다. 셰어하우스를 운영하는 '쇼가이겐에키 하우스(生涯現役ハウス)'는 "건강한 고령자에게 새로운 라이프스타일을 제공하고 싶다"라는 생각에서 고령자의 일자리 주선과 공동 주거를 결합한 비즈니스를 생각하게 되었다고 전한다.

도쿄 내 또 다른 셰어하우스를 잠시 방문해보자. 도쿄도 스기나미구(杉並区)에 위치한 고령자 전용 셰어하우스인 '와라쿠스기나미(和楽杉並)'의 공용 거실에서 거주 남성이 다른 입주자들에게 말을 걸자 담소가 시작됐다. 때로는 함께 저녁을 먹거나 술을 마시며 영화를 본다. "서로의 프라이버시를 배려하면서 화기애애하다"라며 한 입주자는 셰어하우스 생활에 만족하는 모습이다. 단독주택을 개조한 와라쿠스기나미에는 60대와 70대의 1인 가구 남성 4명이 함께 산다. 입주 중인 한 남성은 서로의 건강 상태를 지켜볼 수 있어서 안심된다고 말한다.

와라쿠스기나미는 2년 전에 개업했다. 각 방에는 침대와 수납장이 놓여있으며 화장실, 욕실, 주방은 공동으로 사용하고 입주민들이 돌아가며 청소한다. 월세는 65만~80만 원 정도로 인근의 임대 아파트와 비교하면 저렴한 편이다. 고독감을 해결할 수 있을 뿐만 아니라 서로의 건강 상태를 확인할 수 있다는 점이 입주를 결정하는 가장 큰 이유다. 많은 경우 고독사는 1인 가구에서 발생하는데, 응급상황이 발생하는 경우 주변에 아무도 없어 발견하지 못해 사망에 이르는 일이 많다.

치바현 산무시(山武市)에 위치한 고령자 전용 셰어하우스인 '무스비의 집'에는 현재 70~90대 남성 4명과 여성 6명이 살고 있다. 입주민들이 협력해 자발적으로 생활을 돕는 것이 이곳의 특징이다. 한 입주민은 주 2회 자신의 자동차로 주민들을 슈퍼마켓에 데려다준다. 또 다른 입주민은 셰어하우스 내 주민들에게 나눠주기 위해 야채 재배를 시작했다. 한 입주자는 "모두가 서로 돕지만 동시에 자유롭고 기분 좋은 셰어하우스를 만들려고 유의하고 있다"라며 의견을 전한다.

현재 시니어용 셰어하우스를 만들기 위한 특별한 기준이 존재하는 것은 아니지만 대부분은 '배리어 프리(Barrier Free, 고령자의 활동에 불편을 야기하는 물리적 장애물을 없앤)'한 시설로 만들고 있다. 일부 셰어하우스는 인근 병원과 제휴해 방문 진료를 받을 수 있는 서비스를 포함하는 등 고령자 대상의 셰어하우스 또한 조금씩 진화하는 중이다.

고령자를 위한 셰어하우스는 자력으로 생활이 가능하며 간병인의 도움이 필요 없을 정도로 건강하지만 혼자 사는 것이 불안하거나 교우 관계가 필요한 사람이 주로 입주한다. 하지만 입주 당시에는 건강하더라도 오래 살다 보면 간병 및 건강 문제가 발생할 수 있다.

도쿄 내의 한 셰어하우스에서는 입주자 중 한 사람이 걸을 수 없게 되어 다른 입주자들의 지원이 필요하게 된 것을 계기로 싸움이 일어났다고 한다. "간병이 필요한 경우라면 입주자들에게 폐를 끼치기 전에 전문적인 간병 서비스를 받을 수 있는 곳으로 거점을 옮기는 등의 대처를 통해 남은 입주민들을 고려해주어야 한다"라는 것이 전문가들의 의견이다.

불안한 노후를 누군가와 함께 생활할 수 있다는 것에는 많은 이점이 있다. 하지만 공동생활을 하다 보면 갈등이 발생하는 경우도 있을 것이다. 입주자끼리 서로 존중하며 문제를 해결하고자 하는 열린 마음을 가진다면 외롭지 않고 마음이 풍요로운 노후를 보낼 수 있을 것이다.

시니어뿐만 아니라 고령자와 젊은이가 한 지붕 아래 사는 사례도 조금씩 증가하고 있다.

교토는 동거를 희망하는 고령자 세대와 대학생을 중개하는 사업을 2016년부터 시작했다. '차세대 하숙'이라고 이름 붙인 이 서비스는 고령자 주택의 공실을 학생에게 제공하는 것이다. 여태까지 총 43팀을 매칭했는데 방을 빌려준 고령자와 학생 모두 만족감을 표시한다.

일본의 65세 이상 1인 가구는 2040년에는 여성 약 540만 명, 남성 356만 명까지 늘어날 전망이다. 고령 여성은 4명 중 1명, 남성은 5명 중 1명이 혼자서 살아가게 될 것이다. 고령자가 건강을 유지하는 방법 중 하나는 다른 사람들과 적극적으로 교류하는 것이다.

셰어하우스는 고령화 사회의 커다란 문제 중 하나인 고독감을 해결할 방안으로 떠오르고 있다.

고령자만을 위한
부동산 R65

고령자가 안정적으로 거주할 집을 찾는 것은 고령화 사회가 직면한 중요한 과제 중 하나다. 일본 전체로 보면 고령자의 자가 주택 소유 비율은 비교적 높은 편이다. 그러나 1인 가구로 한정하면 상황은 달라진다. 고령 1인 가구의 약 30%가 자가가 아닌 임대 주택에 거주하고 있다.

이들 중에는 원래부터 임대 생활을 이어온 경우도 있지만, 자녀의 독립이나 배우자의 사망을 계기로 자가 주택을 매각하고, 관리 부담이 적고 교통이 편리한 소규모 임대주택으로 이주하는 고령자도 적지 않다. 과거 가족 단위로 거주하던 큰 집은 더 이상 필요하지 않을 뿐 아니라 유지와 관리가 힘들기 때문이다.

문제는 임대 수요가 늘고 있음에도 불구하고 고령자의 주거 선택지가 제한적이라는 점이다. 집주인들은 고독사 위험을 우려해 고령 1인 가구의 입주를 꺼리는 경우가 많다. 실제로 임대주택에서 고령의 입주자가 사망할 경우, 해당 주택은 '사고 물건'으로 간주되어 이후 임대가 어려워지기 때문이다. 이로 인해 고령자는 입주를 원하는 주택을 찾기 어렵고, 집주인은 빈방을 두고도 입주자를 거부하는 현상이 발생한다.

결국 임대 수요와 공급의 불균형이 구조적 문제로 고착되고 있다. 그러나 이러한 불균형은 동시에 새로운 비즈니스 기회로 이어진다. 대표적인 사례로 고령자만을 대상으로 하는 부동산 회사들이 등장하고 있다.

부동산 회사인 플랫 에이전시(フラット・エージェンシー)는 교토에 고령자 전용 점포인 '시모가모 히로바(下鴨ひろば)'의 운영을 시작했다. 평균 연령 70세 이상의 베테랑 종업원만 배치해 동년배의 시점으로 고령자가 집을 찾는 것을 지원한다는 전략이다.

시모기모 히로바는 집주인으로부터 집을 빌려 고령자에게 임대해주는 것뿐만 아니라 입주 후 고령자를 돌보는 서비스까지 제공함으로써 집주인의 불안감을 잠재운다. 또한 고령의 입주자가 사망했을 때 방에 남겨진 소지품을 처리하는 사무 작업까지 진행한다. 고령의 입주자가 사망 후 소지품 취급에 골머리를 앓고 있는 집주인

고령자를 위한 부동산 R65의 홈페이지
출처: 부동산 R65 홈페이지(r65.info)

이 많다는 점에 착안, 소지품 처리를 수탁함으로써 입주의 문턱을 낮추는 것이다. 이 과정에서 지역의 빈집을 활용하는 방안도 고려 중이다.

 2015년 사업을 시작한 도쿄의 R65 부동산 또한 65세 이상에게만 집을 중개하는 부동산 서비스 회사다. 대표인 야마모토(山本) 씨는 80대 여성이 다섯 번이나 입주를 거절당하며 임대주택을 찾지 못해 힘들어하는 상황을 보고 사업을 시작했다. R65는 또한 민간 기업이나 지자체와 연계해 노인들에게 정기적으로 안부를 묻는 서비스를 도입했다. 이렇듯 고령자를 위한 부동산 서비스는 단지 집을 구해주는 것을 넘어 돌봄 서비스까지 제공하며 고령 사회의 인프라가 되고 있다.

 입주를 주저하는 사연이 있는 물건을 역으로 활용함으로써 고령자를 돕는 회사도 있다. 요코하마시에 위치한 부동산 회사 마크스(MARKS)는 사고 물건(事故物件, 살인이나 사망사고 등이 일어났던 물건)을 고령자에게 임대하는 사업을 시작했다. 입주 예정인 고령자에게 임대 물건의 사건 정보를 공개하고 고령자가 납득하면 고령자의 돌봄 서비스 등을 추가로 더해 계약을 진행한다. 이용해본 고령자는 "입지나 방의 넓이 등의 조건이 좋고, 일반 물건보다 임대료가 저렴하다"라는 후기를 남기기도 했다. 이렇듯 노후자금을 절약하기 위해 사고 물건을 적극적으로 선택하는 이들이 조금씩 늘고 있다.

집주인이 못 받은 월세를 보상하는 보험 상품도 등장, 집주인의 불안을 잠재운다. 동경해상일동화재보험(東京海上日動火災保險)은 2015년 월세 보장 보험을 발매한 이후 계약이 지속적으로 증가하고 있어 보험 내용을 강화했다. 입주자의 고독사 등의 원인으로 집주인이 집세를 받을 수 없게 될 경우 집세를 보상하는 기간을 1년에서 최대 3년으로 연장한 것이다.

국토교통성은 2022년 6월, 고령 1인 가구가 사망했을 때 임대차 계약의 해제가 원활히 진행될 수 있도록 하는 등 국가도 움직이기 시작했다. 입주자가 사망 후, 계약을 해제할 수 있는 대리권을 가진 '제3의 수임자'를 입주 시에 정하는 것이 골자다. 수임자에게는 방에 남은 소지품 처리를 맡길 수도 있다.

부동산 컨설팅을 진행하는 사쿠라 사무소는 〈닛케이 신문〉과의 인터뷰에서 "고령자에게 임대한 물건이 가지는 고독사와 같은 리스크에 대응하는 제도가 갖추어지기 시작했지만, 고령자를 적극적으로 받아들이려는 곳은 아직 많이 없다"라며 "경우에 따라서는 국가가 집주인으로부터 물건을 빌려서 고령 입주자에게 임차하는 등의 새로운 유통도 검토해야 한다"라고 지적한다.

유품 정리부터 반려동물 위탁까지, 1인 가구를 위한 유언신탁

"세계 최고령 국가"

"아시아에서 1인 가구 비중이 가장 높은 나라"

이 두 가지 씁쓸한 상황으로 인해 일본 경제는 활력을 잃어가고 있지만 동시에 과거에는 없던 새로운 소비자 니즈가 발생하기도 한다. 기업은 이에 대응해 새로운 서비스와 상품을 내놓고 있으며, 그 대표적인 사례 중 하나가 바로 '1인 가구 전용 유언신탁'이다.

일본에서는 고령화가 진행됨에 따라 금융기관이 제공하는 유언신탁 상품에 가입하는 사람이 꾸준히 증가하고 있다. 유언신탁이란 유언장 작성부터 보관, 사후 상속 절차에 이르는 업무를 대행하는 신탁제도다.

최근 유언장이 없어 상속인들 사이에서 분쟁이 일어나는 사례가 증가하면서 일반인들도 유언이 필요하다는 인식이 확산되고 있다. 유언신탁에 가입하면 신탁회사가 위탁자의 사망 시 유언서 내

용대로 유증을 실시하기 때문에 분쟁을 막아줄 수 있다. 실제로 미츠이 스미토모 신탁의 유언신탁 가입자 수는 2022년 기준, 3만 5천 건으로 10년 전과 비교해 약 1만 3천 건 증가했다. 이렇듯 사후를 미리 준비하는 분위기는 확산되고 있지만 아직까지 유언신탁 계약자의 상당수는 부유층 혹은 70대가 대부분이다.

일본 사회 전반적으로 종활(終活, 슈카츠, 인생의 마지막을 준비하기 위한 다양한 준비 활동)이나 유언신탁 등 죽음을 미리 준비하는 분위기가 확산되면서 1인 가구들의 불안은 커져만 간다. 자신의 사망 후 매장, 유품 정리와 같은 필요한 절차를 부탁할 사람이 없는 경우가 많기 때문이다.

이러한 니즈를 파악하고 미츠이 스미토모 은행은 '1인 가구 전용 유언신탁' 상품을 개발했다. 은행 직원이 1인 가구 고객들과 상담 중 사후를 누구에게 부탁하면 좋을지 모르겠다는 고민을 듣고 개발한 상품이다.

계약 시 계약자는 현금과 함께 은행이 독자적으로 마련한 양식의 '엔딩 노트'에 필요한 정보를 기재해 맡긴다. 엔딩 노트에는 원하는 장례 혹은 매장 방법, 자신의 PC 및 스마트폰 패스워드, SNS 계정 패스워드, 신용카드 정보 등을 기입한다.

미츠이 스미토모 은행은 당사가 직접 설립한 시단법인을 통해 사망 후 장례 준비, 사망자의 정보 삭제, 가입되어 있는 서비스 해약 등 사후 업무를 처리한다. 이러한 사무적인 작업뿐만 아니라 계약자가 자신의 사망 소식을 알리겠다고 미리 지정한 사람들에게 소

혼자 사는 고령자의 니즈에 대응한 은행 상품 소개
출처: 리소나 그룹 홈페이지(resonabank.co.jp)

식을 전해준다. 심지어 기르던 반려동물을 돌봐줄 사람을 연결해주는 서비스까지 제공한다.

일반적으로 장례, 매장, 유품 정리 등을 사전에 준비하려면 각각 별도 계약을 맺고 비용을 선불로 납부해야 한다. 반면 1인 가구 전용 유언신탁은 이 과정을 일괄적으로 맡길 수 있어 편리하다. 최근에는 엔딩 노트를 디지털화해 언제든 수정이 가능하도록 했으며, 목돈이 없는 소비자를 위해 적립식 상품도 도입했다.

이 상품의 첫 번째 타깃 그룹은 50~60대다. 이들 중에는 퇴직금을 받은 사람들도 있고 사후를 생각하기 시작하는 나이이기 때문에 비교적 접근하기 쉽다. 두 번째 타깃 그룹은 40대 독신 여성이다. 미츠이 스미토모 은행이 실시한 설문 조사에 따르면, 남성보다 여성이 종활에 대한 관심이 높은 것으로 드러났다.

미츠이 스미토모 신탁은행 측은 "40대는 아직 죽음을 논하기에는 이르다고 생각하는 경우가 많다. 그러나 2019년 10월, 온라인에서 유언 작성 상담이 가능한 'WEB 유언신탁 서비스'를 시작한 이후 30~40대의 신청이 꾸준히 증가했다. 예상보다 관심이 훨씬 높았다"라고 설명했다. 은행은 이러한 흐름을 확인한 만큼, 40대 독신 여성을 주요 타깃으로 삼아 인터넷과 SNS를 활용한 홍보를 강화할 방침이다.

일본의 1인 가구는 2023년 기준 약 2,177만 세대로 추산되며, 이는 전체 가구의 40%에 해당한다. 이 가운데 65세 이하가 60% 이상을 차지한다. 신탁은행은 아직 충분히 공략되지 않은 이 거대한 시장, 즉 전체 1인 가구의 약 3분의 2를 새로운 성장 기회로 보고 있다.

고령 1인 가구가 빠르게 늘어나고 있지만 이들을 겨냥한 금융 서비스는 여전히 제한적이다. 그러나 인구구조 변화를 고려할 때, 고령 1인 가구를 대상으로 한 상품과 서비스는 잠재력이 큰 시장이다.

'나홀로' 시니어를 위한 서비스

일본 사회에서 혼자 사는 시니어가 빠르게 증가하면서, 이들의 고독과 불안을 해소하려는 다양한 서비스가 등장하고 있다. 1인 고령자의 니즈와 기업의 아이디어가 결합해 새로운 시장이 만들어지고 있는 것이다.

첫 번째 사례는 고령자의 만남과 교류를 지원하는 서비스다. 사이타마현에 사는 72세 남성은 스마트폰 매칭 앱 '하하로루(ハハロル)'를 확인하는 것을 일과로 삼는다. 이 앱은 상대방의 얼굴 사진보다는 자신을 소개하는 글자를 크게 만들어 외모보다는 가치관을 중심으로 상대를 찾도록 설계됐다. 남성은 재작년에 아내와 사별한 뒤 지인의 소개로 이 앱을 알게 되었고, 마음에 드는 여성에게 '좋아요'를 보내 식사를 함께하며 소소한 즐거움을 누린다. 그는 "어떤 가게에 갈까 생각하는 것만으로도 기분이 젊어지는 것 같다"라고

고령자의 만남을 지원하는 매칭 앱 '하하로루'
출처: 하하로루 홈페이지(hhll.app)

말한다.

　이 앱을 개발한 창업자는 의사 출신으로 "혼자 사는 고령자는 외출과 대화가 줄어 건강을 해치기 쉽다. 고립을 막기 위해서는 즐거움이 중요하다"라고 강조한다. 고령자의 만남을 지원하는 이런 비즈니스는 미혼율과 이혼율이 높아지는 사회적 흐름과도 맞물려 확산되고 있다.

　이성과의 만남 외에도, 세대 간 교류를 통해 고립감을 예방하려는 시도도 있다. 가나가와현 후지사와시의 '노비시로 하우스(ノビシロハウス)'는 고령자와 20세 전후의 젊은이가 함께 거주하는 셰어하우스다. 총 8개의 방으로 구성된 이 아파트에서 고령자는 월세 8만 엔(80만 원), 청년은 4만 5천 엔(45만 원)을 내고 거주한다. 입주 조건에는 매일 인사하기, 월 1회 함께 차 마시기 등 청년과의 교류 활동이 포함된다. 70대 입주자는 50세 이상 차이가 나는 학생과 취미가 맞아 드라이브를 가기도 한다. 입주자의 안전을 위해 센서를 설치, 일정 시간 움직임이 없으면 알람이 울리는 등 첨단 기술도 도입했다.

　또 다른 사례는 일상생활 지원과 사후 사무 대행 서비스다. 88세의 한 여성은 남편과 사별한 뒤 홀로 생활하면서 미래에 대한 불안감을 느꼈고, NPO법인 기즈나노카이(きずなの会)의 서비스를 이용하기 시작했다. 병원 동행, 의사 면담 참여, 유언장 변경 절차 지원 등 세심한 돌봄에 큰 만족감을 느끼고 있으며, 190만 엔(1,900만 원)이라는 결코 적지 않은 가입비에도 불구하고 "바로 상담

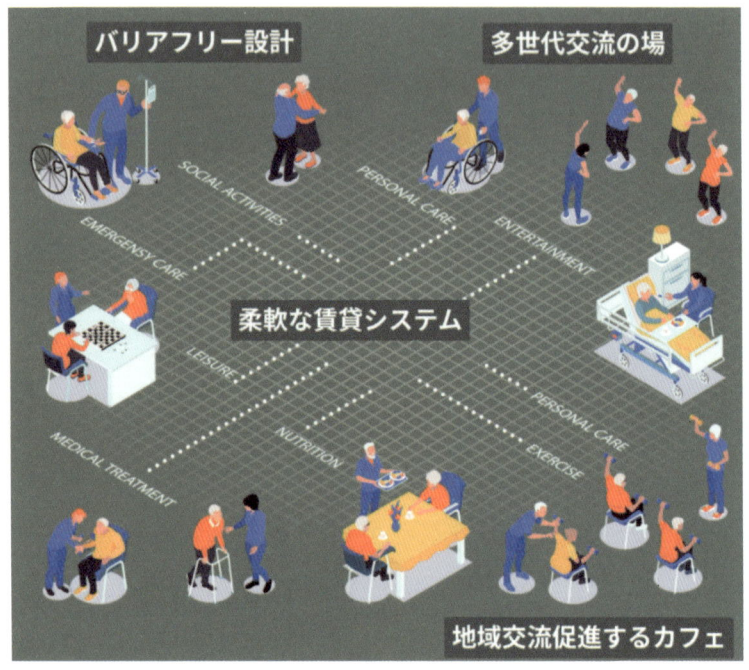

노비시로 하우스는 고령자를 위한 다양한 서비스를 제공한다.
출처: 노비시로 홈페이지(www.nobishiro.co.jp)

할 사람이 있어 든든하다"라고 만족감을 드러낸다.

일본 총무성에 따르면, 신원 보증과 생활 지원, 사후 사무를 포함한 고령자 지원 사업자는 전국에 약 420곳에 달한다. 신원 보증은 입원·요양 시설 입소 시 보증인 역할을 하고, 생활 지원 서비스는 쇼핑 대행이나 병원 긴급 이송을 포함한다. 사후 사무 대행은 장례, 납골, 사망 신고 등 죽음 이후의 절차를 포괄적으로 관리하며, 미리 지정한 장례식장이나 공양묘에 유골을 안치할 수 있다. 서비스 비용은 선불 예치금 방식이 약 80%를 차지하며, 기본 요금 포함 약 200만 엔(2천만 원) 수준이 일반적이다.

이렇게 1인 고령자의 생활을 지원하는 서비스가 증가하자 일본 정부는 2024년 6월 '노인 등 종신 지원 사업자 가이드라인'을 제시했다. 예치금을 사업자 운영 자금과 분리하고, 신탁은행 등을 통해 안전하게 관리할 것을 권고한다. 전문가들은 "이용자가 누구에게 어떤 업무를 맡길지 명확히 정하는 것이 중요하다"라며, 사망 신고, 유골 인수 등 필요한 서비스 범위를 구체화할 것을 조언한다.

일본에서 고령 1인 가구 수는 계속 늘어날 전망이다. 고령자 생활 지원 서비스를 현명하게 활용하는 동시에, 개인이 스스로 미래를 대비하는 적극적 자세가 점점 더 중요해지고 있다. 연애와 교류, 생활 지원과 사후 관리 등 다양한 서비스가 결합해, 고령자가 나이와 무관하게 안정적이고 활기찬 삶을 영위할 수 있는 환경이 조금씩 조성되고 있는 중이다.

5장

인구 감소:
새로운 수요를 만들다

"은행 점포 1년 새 50곳 넘게 문 닫았다"

2025년 1월 10일자 〈한경비즈니스〉 기사의 제목이다. 한국은행 경제통계시스템에 따르면, 2024년 3분기 말 한국 내 은행 점포 수가 1년 전보다 53곳 줄었다. 은행 점포 수는 2012년 이후 지속적으로 감소세인데, 이는 인터넷 뱅킹의 확산이 주요 원인으로 꼽힌다.

"하루 1개 이상의 서점이 문을 닫고 있다"

출판대국이라 불리던 일본에서는 서점 소멸을 우려하는 목소리가 높아지고 있다. 2013년 1만 5,600개에 달하던 서점 수는 10년 뒤인 2023년 1만 918개로 감소, 10년간 약 5,400개의 서점이 사라졌다.

이처럼 일본과 한국을 불문하고 여러 산업에서 '소멸론' 또는 '위기론'이 제기되고 있다. 그 배경에는 인구 감소, 기술 발전에 따른 패러다임 변화, 라이프스타일 변화 등 복합적인 요인이 작용하고 있다. 특히 일본에서는 인구 감소로 인한 수요 축소가 중요한 원인 중 하나다.

이러한 상황에서 시장이 축소하는 산업은 기존의 본질적 기능만으로는 살아남기 어렵다. 대신 핵심 기능이 아닌 다른 가치를 부각하거나, '사지 않는 고객'을 겨냥한 역발상 전략이 중요해지고 있다. 기술 변화가 가속화되면서 과거의 상식이 더 이상 당연하지 않은 시대가 도래했고, 소비 현장에서는 주객이 전도되는 현상도 두드러진다. 예를 들어 현재 화장품 산업에서는 유명 배우보다 친근한 인플루언서의 영향력이 더 큰 경우가 있으며, 알코올음료 시장에서는 무알코올 제품이 점차 주류로 자리 잡고 있다. 인구 감소 시대에는 이런 '비주류' 수요를 발굴하는 것이 생존 전략의 하나가 될 수 있다.

일본의 안경 체인점 진스(JINS)는 2024년 7월 기존의 상식을 깨는 안경을 선보였다. 이름은 '눈이 작아지지 않는 안경(目が小さくならないメガネ)'. 이름만으로는 제품이 어떤 특징을 갖는지 쉽게 짐작하기 어렵지만, 사실 이 안경은 기존 근시 교정용 안경의 문제점을 해결한 제품이다. 근시용 안경은 도수가 높을수록 렌즈가 두꺼워져 눈이 작아 보이는 경우가 많은데, 이는 근시용 안경 착용을 꺼리는 이유 중 하나다. 진스는 이를 '착시 효과'를 활용한 프레임 디자인으로 해결했다. 렌즈 면적을 줄이고 프레임에 짙은 색을 적용해 눈이 작아 보이지 않게 했으며, 두꺼운 렌즈를 감싸는 테두리를 일부러 두툼하게 만들어 시선을 분산시켰다. 핵심 기능이 아닌 부가적 기능에 초점을 맞췄음에도, 출시 후 판매 상위 10위 안에 들며 소비자에게 큰 호응을 얻었다.

이렇듯 최근에는 제품의 핵심 기능보다 '다른 이유' 때문에 구매

一般的なメガネ	目が小さくならないメガネ

デルブーフ錯視

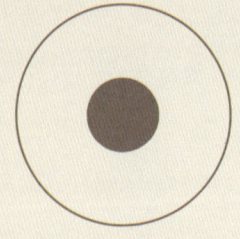	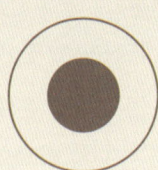
小さく見える	大きく見える

왼쪽은 일반 안경, 오른쪽은 진스가 개발한 '눈이 작아 보이지 않는 안경'이다. 렌즈 면적이 작고 프레임 색상이 진하면 눈이 작아 보이지 않는다.
출처: 진스 홈페이지(JINS.COM)

하는 사례가 늘고 있다. 즉, 사지 않는 고객을 관찰하고, 그들이 원하는 새로운 가치를 제안하는 창의력이 중요한 시대가 된 것이다. 일본에서는 인구 감소로 인해 시장이 줄어들고 축소되는 산업이 많지만, 이런 접근을 통해 위기를 기회로 바꾸는 기업들이 존재한다. 2024년에 출간한 『도쿄 트렌드 인사이트 2025』는 이러한 기업들에 주목해, 기존 고객을 넘어 '미고객', 즉 제품을 사지 않는 사람들을 공략해 성공한 사례들을 소개했다. 그리고 이번 장에서는 『도쿄 트렌드 인사이트 2025』에 이어 인구 감소 시대에 살아남기 위해 전력을 다하는 기업들의 이야기를 소개하고자 한다.

우선 '사양 산업'이라고 불리는 산업에서 연이어 히트 상품을 만들어낸 기업의 사례를 살펴본다. 이어서 일본의 대표적인 축소 산업인 서점의 변화를 다루고자 한다. 현재 일본의 서점들은 단순히 책을 진열하고 판매하는 장소를 넘어 '공간'과 '커뮤니티'를 제공하며 생존 전략을 모색하고 있다.

이번 장에서 소개할 은행업과 서점업은 상품 판매를 넘어 자신들의 비즈니스 모델 자체를 판매하기 시작했다. 은행은 금융업의 운영 노하우를, 서점은 공간 설계와 서점 운영 노하우를 제공함으로써 새로운 수익원을 만들고 있다. 즉, 물건이 아닌 공간을 팔며, 나아가 비즈니스 모델 자체를 판매하는 전략을 통해 위기를 극복하고 있다.

"사양 산업은 없다"
발상의 전환으로 부활하다

"사양 산업은 없다. 사양기업만 있을 뿐."

유니클로를 창업한 야나이 회장의 말이다. 그는 창업 초기 "의류처럼 이미 포화 상태이고 사양길에 들어선 산업에 누가 뛰어드느냐"라는 주변의 비웃음을 들었다. 그러나 모두가 알다시피 유니클로는 현재 글로벌 시장 톱(TOP) 5 안에 드는 의류 기업으로 성장했다.
   기술이 발전하고, 사람들의 라이프스타일이 변화하면서, 새로운 산업이 생기고 자연스럽게 '사양 산업'이라 불리는 분야도 나타난다. 비록 '사양 산업'이라고 이름 붙지는 않더라도 인구 감소와 중산층 축소로 인해 시장 자체가 줄어드는 경우도 많다. 이미 『도쿄 트렌드 인사이트 2025』의 1장에서 저성장 시대에 새로운 고객을 개척한 기업들의 사례를 소개했다. 중요한 것은 시장을 기존의 틀로만 바라보지 않고, '사지 않는 고객'을 발굴해 확보하는 발상의 전환이다. 여기에서는 사양 산업이라 불리는 산업의 회사가 어떻게 히트 상품을 만들고 부활했는지 그 비결을 살펴본다.

벼랑 끝에 처한 재봉틀 회사가 히트 상품을 연발하다

시대가 변하고 기술이 발전함에 따라 우리가 사용하는 물건에도 변화의 바람이 분다. 한때는 잘 나가던 제품이 사양 산업이 되는 경우도 흔하다. 경제 성장이 한창이던 1960~1970년대 일본은 집마다 재봉틀을 한 대씩 가지고 있었지만, 최근 재봉틀을 가진 가정을 찾아보기 힘들어졌다. 자연스럽게 '재봉틀을 만드는 회사들은 지금 어떻게 되었을까'라는 의문이 든다.

라이프스타일이 바뀌면서 시장이 축소 일로를 걷고 있지만, 이러한 시대적 흐름에 아랑곳하지 않고 히트 상품을 연발하는 재봉틀 회사가 있다. 오사카에 위치한 재봉틀 제조사인 '악스 야마자키(AXE YAMAZAKI)'의 스토리를 듣다 보면 수요가 침체한 시장에서 소비자들의 지갑을 열게 하는 상품개발에 관한 힌트를 얻을 수 있다.

일본 국내 가정용 재봉틀의 생산량은 1995년 이후 지속적으로 감소, 지금은 1990년대의 3분의 1에도 못 미치는 연간 약 50만 대에 그치고 있다. 악스 야마자키는 1946년 설립된 종업원 18명의 재봉틀 제조업체다. 1990년대까지는 OEM(주문자 상표 부착 생산) 방식으로 매출을 늘려왔지만, 2000년대 들어서며 OEM 주문업체가 사업을 접는 등 재봉틀 시장 자체가 하향세를 보이면서 악스 야마자키도 고전을 면치 못했다.

창업주의 아들이자 현재 대표이사인 야마자키 씨는 다른 기업에 취직해서 일하고 있었지만, 아버지의 부탁으로 2005년 악스 야마자키에 합류했다. 입사 당시 회사의 상황을 야마자키 대표는 "벼랑 끝에 서 있었다"라고 표현할 정도로 경영 실적은 악화되고 있었다.

야마자키 대표는 입사 후 OEM 방식으로는 생존 여부가 불투명하다고 판단, OEM 생산을 그만두고 자체 브랜드를 개발하며 신규 고객을 개척했다. 하지만 시장이 축소 일로를 걷고 수요가 줄어드는 분위기 속에서 제품 개발 전략 또한 기능을 조금 바꾸거나 추가하는 소극적인 방향이었다. 당연히 제품의 차별화는 이루어지지 않았고 결국 가격 경쟁을 시작하게 된다. 영업 전략 또한 타사와 비슷한 기능 혹은 조금 나은 기능을 가진 상품을 어떻게든 싸게 팔겠다는 것이 기본 방침이었다.

"나를 포함해 영업이 뛰어다녔기에 매출이 조금 반등하기는 했다. 하지만 이익률은 점점 떨어지고, 이대로 가다가는 회사가 가난해질 것이 뻔히 보였다"라며 야마자키 대표는 〈닛케이 신문〉과의 인터뷰에서 당시의 상황을 전한다.

야마자키 대표가 직접 영업을 뛰어다니며 느낀 가장 큰 문제점은 재봉틀 구입에 대한 수요 자체가 없어지고 있다는 점이었다. "재봉틀을 구입하는 사람이 줄어드는 가운데, 큰 차별화가 없는 우리 같은 작은 메이커의 재봉틀을 판매점 혹은 소비자들이 일부러 찾을 이유는 보이지 않았다"라는 야마자키 대표의 말에서 느낄 수 있듯이, 자신들이 만드는 물건이 필요하지 않아진다는 암울한 현실 앞에서 밝은 미래는 기대할 수 없었다.

야마자키 대표가 어려움을 타개하기 위해 가장 먼저 한 행동은 고객들의 목소리를 듣는 것이었다. 주변의 지인이나 친구들에게 재봉틀 사용에 관한 감상을 직접 듣기도 하고, 재봉틀을 사용하지 않는 고객들도 모아 재봉틀에 대해 자유롭게 이야기할 수 있는 자리를 마련했다.

다양한 목소리를 듣는 와중 야마자키 대표가 깨달은 점은, 많은 사람이 '재봉틀은 다루기 어렵다'고 느낀다는 것이었다. 그리고 대부분이 그 이유로 든 것은 초등학교 시절의 수업에서 처음으로 재봉틀을 사용한 순간, 조작이 너무 어려워서 서툴렀다는 기억이었다. 야마자키 대표는 '만약 이러한 어린 시절의 경험을 없앨 수 있다면 재봉틀은 어렵다는 의식이 없어지고 어른이 되어서도 재봉틀을 사용할 수 있지 않을까'라는 가설을 세우고 과제 해결에 임할 결심을 굳힌다.

야마자키 대표는 지금까지 했던 종래의 재봉틀에 기능을 조금 더하는 방식의 제품 개발을 전부 그만두고, 대신 '어린이용 재봉틀'을 만들기로 한다. 신상품 개발에 관해 정해져 있던 점은 아이도 사용하기 쉬운 재봉틀을 만든다는 것뿐, 형태와 기능도 모든 것이 백지 상태였다. 우선은 현재의 재봉틀을 간단히 사용할 수 있도록 만들어 어린이용 재봉틀로 판매를 시작했다. 하지만 기존 재봉틀과 같은 메커니즘으로 만든 어린이용 재봉틀은 여전히 사용하기 쉽지 않았으며 자연스럽게 시장에서의 반응과 매출은 별로였다.

 하지만 야마자키 대표는 상품 개발을 멈추지 않았다. 천을 열로 압착시키면 어떨지, 지퍼를 달아보면 어떨지와 같은 다양한 기획을 시도해보았지만, 본래의 재봉틀이 가진 기능과는 거리가 멀어지거나 조작이 쉽지 않다는 문제를 해결하지 못했다.

 시행착오의 나날이 이어졌지만, 악스 야마자키는 포기하지 않았다. 그러던 가운데 태어난 아이디어가 실 대신 털실을 사용한다는 것이었다. 5개의 특수 바늘을 이용해 털실을 가지고 천과 천을 연결해주는 제품으로, 털실을 재봉틀에 걸고 스위치를 켜기만 하면 천을 꿰맬 수 있다. 바늘은 보호대로 둘러싸여 있어 어린이가 손가락을 다칠 위험을 없앴으며, 제품 디자인 또한 마치 장난감처럼 보이도록 만들었다. 털실을 활용해 어린이 누구나 리본이나 머리끈, 주머니 등을 쉽게 만들 수 있는 제품이다.

 야마자키 대표는 반신반의하는 마음으로 시제품을 들고 초등학생 아이들을 모아 제품의 시범을 보였다. 그러자 아이들이 서로 재

어린이용 재봉틀 '털실 미싱 허그'
출처: 악스 야마자키 홈페이지(axeyamazaki.co.jp)

봉틀을 차지하겠다고 울면서 싸우는 광경이 연출되었다. 야마자키 대표는 아이들을 달래면서도 이 재봉틀은 팔릴 것이라고 확신했다.

야마자키 씨가 사장에 취임한 2015년, 어린이용 재봉틀을 '털실 미싱 허그(毛糸ミシンHugハグ)'라는 상품명으로 7,980엔(8만 원)에 판매를 시작했다. 자사의 온라인 사이트나 가전 양판점, 완구 매장 등에서 판매를 시작하자 두 달 만에 2만 대 이상 팔리며 생산이 따라가지 못할 정도의 히트 상품이 되었다. 회사에는 발주나 재고

를 문의하는 전화가 끊이지 않고 직원들은 대응에 분주했다. 연간 1만 대를 팔면 히트라고 불리는 재봉틀 산업에서 어린이용 털실 재봉틀은 현재까지 누계 13만 대를 판매한 재봉틀 업계의 베스트셀러가 되었다.

수요가 침체한 시장에서의 상품 개발법

야마자키 대표는 상품 개발의 첫 단계로 고객이 안고 있는 과제를 이해하는 과정을 꼽는다. 그리고 고객의 과제를 알기 위해 중요한 것은 고객의 이야기를 차분히 듣는 일이다. 내용만이 아니라 발언할 때의 표정이나 어투까지 관찰하면서 고객이 그 과제를 얼마나 심각하게 느끼는지 살펴보는 것이다.

소비자 니즈를 조사할 경우 불특정 다수에게 설문 조사를 하는 방법도 있지만 그러한 방법은 소비자 개개인의 뉘앙스가 전달되지 않는다. 직접 고객을 만나 의견을 들으면 세세한 감정까지도 읽을 수 있으며 대화 도중 가장 중요한 핵심이 무엇인지 느끼게 될 기회가 많아진다고 한다.

야마자키 대표는 어린이용 재봉틀이 히트한 후에도 재봉틀 이용자뿐만 아니라 비이용자를 포함한 다수의 목소리를 듣기 위해 뛰어다니는 일을 멈추지 않았다. 그의 이러한 열정은 다음의 히트 상품을 탄생시키는 열쇠가 되었다. 어린이용 재봉틀 체험회에서 자신의 아이가 휴지 케이스를 즐겁게 만드는 모습을 보며 옆에 있던 엄마가 무심코 "나도 해보고 싶다"고 말한 것이다.

아이의 엄마에게 재봉틀을 해보는 건 어떠냐고 묻자 "재봉틀은 어렵고, 하는 것도 번거롭고, 집에 두는 것도 인테리어에 방해된다"라는 대답이 돌아왔다. 예전에도 재봉틀을 사용하지 않는 부모들로부터 재봉틀이 있으면 이것저것 해보고 싶다는 말은 꽤 들었다. 다만 대부분이 '사용은 하고 싶지만' 이후에 재봉틀을 사용하지 않는 이유를 여러 가지 드는 것이었다. 야마자키 대표는 '하고 싶지만' 이후에 등장하는 재봉틀을 사용하지 않는 이유를 해결하면 부모들도 재봉틀을 구입하리라 생각해 바로 새로운 제품 개발에 착수한다. 그리고 탄생한 상품이 '육아에 딱 좋은 재봉틀(子育てにちょうどいいミシン)'이다.

'재봉틀은 어렵다'는 과제를 해결하기 위해 상급자를 위한 기능은 과감히 없애고 설정과 조작을 간소하게 만들었다. 미싱에 붙어 있는 QR코드를 읽으면 동영상으로 사용법을 알려주어 초보자도 쉽게 사용할 수 있도록 했다. '번거롭다'는 과제를 해결하기 위해서 제품을 가볍고 작게 만들었다. 일반적인 재봉틀이 4kg에 달하는데, 이 제품은 2.1kg이며 크기도 작아서 쉽게 수납장에서 꺼낼 수 있도록 만들었다. 그뿐만 아니라 '인테리어에 방해가 된다'는 과제를 해결하기 위해 블랙 컬러를 기본으로 한 시크하고 깔끔한 디자인으로 거실에 놓아도 분위기를 해치지 않도록 만들었다.

육아에 딱 좋은 재봉틀
출처: 악스 야마자키 홈페이지(axeyamazaki.co.jp)

이렇게 부모들의 '하지만' 이후의 과제를 모두 해결한 제품은 2020년 3월 발매 후 1년간 5만 대를 판매했으며 현재까지 10만 대 이상이 팔렸다. 디자인 또한 우수성을 평가받아 일본디자인진흥회가 주최하는 굿디자인을 포함해 세 군데에서 디자인상을 받았다.

악스 야마자키는 이후 발매하는 상품마다 모두 히트를 연발한다. 타깃을 뾰족하게 좁히고 타깃 고객이 느끼는 과제를 해결한 제품을 만드는 것이 그 비결이다.

2021년에 출시한 '손자 손녀를 위한 나만의 재봉틀(孫につくる、わたしにやさしいミシン)'은 고령자를 타깃으로 한 제품이다. 고령 여성들은 재봉틀을 사용해 옷을 만들어본 경험이 풍부하지만 시력 저하와 같은 신체적 이유로 인해 재봉틀 사용을 그만둔 사람들이 많다. 고령자들이 겪는 불편을 해소하면 다시 재봉틀을 찾을 것이라고 생각하며 개발했다.

　제품 개발 과정에서도 고령자 시설을 방문해 의견을 듣는 등 소비자의 목소리를 직접 듣는 원칙을 고수했다. 고령자들이 느끼는 과제를 해결하기 위해 제품을 경량화하는 것에 더해 재봉틀의 속도를 일반 재봉틀의 반으로까지 줄였다. 또한 몸을 굽히지 않아도 바늘구멍이 보여서 실을 꿰기 쉽도록 설계했으며, 손잡이나 버튼을 크게 만들어 작은 힘으로도 조작할 수 있도록 하는 등 다양한 궁리가 숨겨져 있다.

　고령자에 이은 타깃 고객은 남성이었다. 중년 남성 중에는 가죽으로 지갑이나 키홀더 등을 만드는 가죽 크래프트를 취미로 가진 사람들이 꽤 있는데 이들을 위한 제품이다. 재봉틀의 바늘을 개량해 일반 재봉틀보다 두 배 이상의 힘을 낼 수 있기에 가죽이나 데님 등 두꺼운 원단도 재봉이 가능하다. 제품은 중후한 느낌의 앤틱한 디자인을 채용해 레트로한 느낌을 냈다. 2023년 2월에 제품이 출시되었는데, 이후 예약이 쇄도해 수개월 기다려야 만날 수 있는 상품이 되었다.

　사양 산업이라 불리는 재봉틀 산업에서 히트 상품을 연발하는

남성 고객을 타깃으로 해서 만든 재봉틀
출처: 악스 야마자키 홈페이지(axeyamazaki.co.jp)

악스 야마자키의 비법은 무엇일까? 고객이 필요 없다고 느끼는 제품, 굳이 없어도 되는 제품을 다시 구입하게 만들려면 어떻게 해야 할까? 이는 사양 산업에 처한 제조사뿐만 아니라 경기 침체의 시기에 신제품을 개발하는 기업에게 힌트를 던져준다.

첫째, 악스 야마자키는 타깃 고객을 뾰족하게 설정한다. 소비자들의 니즈는 다양화되고 있다. 고객 한 사람 한 사람을 위한 맞춤형 제품도 흔하게 볼 수 있는 지금, 고객군을 좁히고 좁히는 것이 중요해지고 있다. 시장을 넓혀 대중에게 어필하기보다는 비록 범위는 좁더라도 매출을 확보할 수 있는 고객군을 한정하고 이들이 원하는 제품을 출시하는 것이 유효한 전략이다.

둘째, 한정된 고객의 니즈를 이해하고 이에 걸맞는 제품을 개발하기 위해 소비자들의 의견을 적극적으로 경청한다. 특히 악스 야마자키는 고객의 목소리를 현장에서 듣는 것을 중요시하는데, 이는 고객의 과제를 발견하는 것을 넘어 과제를 깊이 이해하기 위함이다. 악스 야마자키는 소비자들의 의견을 들으면서 지속적으로 고객들의 문제점을 이해하고 제품을 변형하고 있다. 이러한 과정을 반복하면서 타깃 고객을 확장하고 새로운 시장을 개척해가는 것이다.

마지막으로, 악스 야마자키에서는 '사회성, 독자성, 경제성'이라는 세 기준으로 새로운 아이디어의 제품화를 결정한다고 한다. 이 중에서도 가장 중요한 기준은 '사회성'인데, 악스 야마자키는 사회성을 '고객의 과제를 해결해줌으로써 제품이 필요하다고 느끼는 것'으로 정의한다. 사회성에 이어 기업이 가진 독자적인 기술을 활용할 수 있느냐를 검토하고(독자성), 그다음 사회성과 독자성을 만족시킨 아이디어를 제품으로 만들어 최종적으로 이익을 얻는다(경제성).

야마자키 대표는 이 순서를 잘못 알고 '사회성'이 아닌 '경제성'을 먼저 중시해 고객들이 요구하지 않는 제품을 만들면 아무리 독자적인 기술을 활용한 물건을 만들어도 팔릴 가능성이 작아지는 것은 당연하다고 말한다.

"사회에 존재하는 문제를 해결하는 것에 우리의 재봉틀이 한 역할을 하고 싶다. 이를 위해서는 타깃을 뾰족하게 좁히고 과제를 발견해서 하나하나 해결해나간다. 이렇게 함으로써 새로운 시장을 조금씩 만들어간다."

TV도쿄와의 인터뷰에서 야마자키 대표가 전한 말이다.

축소되는 시장에서는 새로운 고객층을 개척하거나 아니면 새로운 사용 방법을 제안해야 한다. 악스 야마자키는 기존에 없던 제품을 출시함으로써 새로운 고객층을 개척하고 있다. 이러한 과정을 반복하다 보면 악스 야마자키의 비전인 '일본의 모든 가정이 재봉틀을 한 대씩 가진 시대를 여는 것'이 실현될 날이 올지도 모르겠다.

책이 아닌 체험, 관점,
공간을 팔다

한때 '독서 왕국'이라 불렸던 일본에서도 독서 인구와 서점의 수는 꾸준히 줄어들고 있다. 지하철 안에서 책을 읽는 사람을 찾아보기 힘들어졌고, 거리에서 서점이 사라질지도 모른다는 우려가 현실이 되고 있다. 출판과학연구소의 자료에 따르면, 1999년 2만 2천여 개에 달하던 일본의 서점은 2023년 약 1만 900개로 줄어들었다. 매년 460곳 이상, 하루에 한 곳 이상이 문을 닫는 셈이며, 2023년 한 해에만 614개의 서점이 폐업했다. 이 추세가 이어진다면 인구가 1억 명 아래로 떨어질 것으로 예상되는 2050년대에는 서점 수가 약 3천 개까지 감소할 가능성도 있다.

출판문화산업진흥재단(JPIC)이 2024년 3월 발표한 자료에서도 심각성이 드러난다. 일본 전체 자치단체 중 27.7%가 단 한 곳의 서점도 없는 '무서점 지자체'였으며, 서점이 한 곳 이하인 지역까지 포함하면 그 비율은 47.4%에 달했다. 이미 절반 가까운 도시와 마을에서 사람들은 책을 사기 위해 먼 거리를 이동하거나, 종이책 대신 디지털 콘텐츠를 선택하고 있다.

특히 인구가 적은 지방의 서점은 집객력이 있는 대형 상업 시설 내에 입점하지 않는 한, 운영을 유지하기가 점점 힘들어지고 있다. 이제 서점은 단순히 책을 판매하는 것만으로는 생존하기 어려운 시대가 된 것이다. 이러한 상황 속에서 일본의 출판 및 서점업계는 다양한 실험을 이어가고 있다. 그 흐름의 중심에는 '책이 아닌 공간을 판다'는 발상의 전환이 있다.

대표적인 예가 한국에도 잘 알려진 츠타야 서점이다. 츠타야는 이미 오래전부터 '책이 아닌 라이프스타일을 파는 서점'이라는 새로운 모델을 제시했다. 책을 고르고 사는 공간에 머무르지 않고, 커피를 마시며 머무는, 취향을 발견하는 장소로 서점을 재정의한 것이다. 츠타야 관계자는 "단순히 물건을 살 수 있는 플랫폼은 점점 가치를 잃고 있다. 앞으로는 라이프스타일과 서비스를 제안할 수 있는 힘을 가진 플랫폼만이 살아남을 것"이라고 말한다.

'체험'을 제안하는 츠타야

츠타야는 일본의 컬처 컨비니언스 클럽(Culture Convenience Store, CCC)이 운영하는 서점 브랜드다. 1983년 약 35평 규모의 작은 점포로 출발해, 오늘날 일본 전역에 매장을 거느린 대형 서점으로 성장했다. 츠타야는 본래 CD와 DVD를 빌려주는 대여(렌털) 사업이 핵심이었다. 특히 1999년 12월 문을 연 시부야 츠타야는 일본 최대 규모의 CD·DVD 재고를 자랑하며 상징적인 존재로 자리 잡았다.

그러나 '좋은 영상과 음악을 통한 라이프스타일 제안'을 목표로 삼은 츠타야의 CD·DVD 대여 사업은 유튜브, 넷플릭스 등 음악과 동영상 스트리밍 서비스가 보급되면서 시대에 뒤처지게 된다. 2012년 1,400여 개에 달하던 츠타야의 점포는 2023년 800개로 줄었고, 운영사인 CCC의 매출액 또한 2019년 3,607억 엔에서 2023년 1,086억 엔으로 감소했다. 일부 언론에서는 "폐점 러시"라는 표현까지 사용했다.

서점 사업인 츠타야 북스토어 또한 매년 그 수가 줄고 있다. 스마트폰 보급으로 인해 독서 시간 자제가 줄이들었고, 녹서 인구 중에서도 전자책을 읽는 사람이 많아졌기 때문이다.

CD와 DVD를 빌리는 사람이 줄어들고, 책 판매 역시 부진한 상황에서 츠타야는 어떠한 미래를 기획하고 있을까? 새로운 비즈니

츠타야의 셰어 라운지
출처: 츠타야 셰어 라운지 홈페이지(www.sharelounge.jp)

스 모델을 찾지 않으면 안 되는 절체절명의 시기를 맞은 CCC는 어떠한 전략으로 이 난관을 헤쳐 나가고 있을까?

최근 츠타야 서점의 가장 커다란 변화는 서점의 공간 일부를 '셰어 라운지(share lounge)'로 바꾼 것이다. 셰어 라운지는 '발상이 태어나고 공유하는 곳'이라는 콘셉트의 공유 오피스로, 기존 츠타야 서점 내 공간을 리모델링해 들어서기 시작한다.

2019년 11월 도쿄 시부야에 1호점을 냈는데, 코로나19 확산 이전부터 CCC는 앞으로는 장소나 조직에 얽매이지 않고 일과 라이프스타일을 선택하는 시대로 변화할 것이라 전망하고, 이들을 위한 공간을 기획한 것이다.

한국인에게도 유명한 다이칸야마의 츠타야 서점 또한 2층의 DVD 진열 장소를 셰어 라운지로 바꾸었다. 3,500권의 비즈니스

관련 서적이 진열되어 있으며 라운지를 이용하는 사람은 자유롭게 책을 읽을 수 있다. 서점과 셰어 라운지는 궁합이 좋다. 일하다 책을 읽는 것도 가능하기에 머리를 식히거나 아이디어를 얻기에도 최적이다. 게다가 셰어 라운지에서는 추가 요금을 지불하면 알코올음료와 간식을 무제한으로 먹을 수 있다. 이에 업무에 집중하기 위한 사람들뿐만 아니라 팀 미팅, 독서, 고객과의 미팅 등을 위해 사용하는 이들도 많다. 코로나19로 인한 원격 근무 확산과 맞물려 빠르게 점포 수를 늘려 현재 37개의 셰어 라운지를 운영하고 있다.

셰어 라운지 외에도 츠타야 서점은 지금 다양한 모습으로 변신 중이다.

"츠타야 서점은 앞으로 헬스장과 필라테스 전문점을 확대할 것이다."

츠타야 관련 기사의 헤드라인이다. 2024년 10월 츠타야 서점은 도쿄 도내에 새로 출점한 필라테스 전문점을 공개했으며, 2027년까지 약 200개로 확대할 것이라 발표했다.

갑자기 츠타야가 필라테스라니 의아한 생각이 들지만 이는 2017년부터 CCC가 '마음과 몸을 정비하는' 콘셉트로 시작한 '츠타야 컨디셔닝(TSUTAYA Conditioning)'이라는 사업의 일환이다. 코로나19 사태로 인해 한동안 출점을 자제했으나 2024년부터 츠타야 컨디셔닝 점포를 확대하기 시작한다. 새로운 헬스장 및 필라테스 전문점 사업에 관해 CCC 관계자는 이렇게 설명한다.

"단련하는 곳이라기보다는 몸을 정돈하는 곳을 지향한다."

츠타야 컨디셔닝은 24~30평 규모의 30~50세 여성을 타깃으로 한 시설이며, 10명 이하의 소수 정예로 운영해 초보자도 쉽게 이용할 수 있다. 이곳에는 츠타야 서점을 운영하는 CCC의 역량을 살려 공간에 책을 비치하고 있는데, 컨시어지가 엄선한 서적 약 200권 정도를 구비해놓고 있다. 운동과 뷰티를 콘셉트로 한 다양한 이벤트도 개최하며, 요가, 필라테스 강사 파견 서비스 업체를 인수해 강사 파견 및 육성 사업에도 나설 예정이다.

츠타야 컨디셔닝은 단순한 헬스장이 아닌 웰니스(wellness)에

츠타야 컨디셔닝 점포
출처: 츠타야 홈페이지(tc.tsite.jp)

츠타야 내 들어선 아동복 매장인 미키하우스
출처: 츠타야 홈페이지(tc.tsite.jp)

특화된 '라이프스타일을 제안하는 서비스와 공간'이다.

2025년 3월에는 일본의 실내 골프 연습장 프랜차이즈인 스텝골프(ステップゴルフ)와 업무 제휴를 맺고 2027년까지 100개의 츠타야 점포에 스텝골프를 병설 운영하기로 한다.

스텝골프는 수도권을 중심으로 약 130개 점포를 운영하며 회원 수 약 9만 명을 자랑하는 골프 초보 여성 고객을 타깃으로 한 연습장이다. CCC는 필라테스 병설 매장에 스텝골프까지 입점시키면 시너지 효과를 낼 수 있을 것으로 보고 있다. 수도권에 점포가 집중되어 있는 스텝골프 또한 CCC와의 제휴를 통해 지방으로 진출할 수 있다는 장점이 있다.

츠타야는 외부 업체나 전문점과 협업한 새로운 매장도 만든다. 약 30개 업체와 제휴해 매장별 고객 특성에 맞춘 상품을 제안해 집객력을 높이다. 2027년까지 약 100개의 점포에 협업 매장을 만들어 100억 엔(1천억 원)의 매출을 목표로 한다. 아동복 미키하우스(Miki House)와 유아용품점 아카짱혼포(赤ちゃん本舗)가 들어서며, 고단백 메뉴로 유명한 킨니쿠 쇼쿠도(筋肉食堂)의 냉동식품을 판매한다. 의류, 뷰티, 아웃도어 등의 기업과도 연계해 고객층에 맞춰 매장을 구성하며 상품 개발에도 츠타야가 참여한다. 특히 잡화 브랜드와의 시너지 효과가 좋을 것으로 전망하는데, 잡화는 30~50대 여성의 구매층이 두터우며 책과 함께 구매하는 경우가 많기 때문이다.

제휴사는 CCC와의 협업을 통해 새로운 고객층을 개척할 수 있을 것으로 기대한다. 저출산으로 국내 시장이 축소되는 가운데 제조업체는 판로 확대가 시급한 상황이다. 백화점을 주력 판매처로 삼았던 브랜드의 경우, 폐점이 이어지는 지방 백화점을 대신해 판매 장소를 확보할 수 있다는 장점이 있다. CCC는 또한 V포인트(CCC가 운영하던 T포인트가 2024년 4월, 스미토모의 V포인트와 통합)를 활용한 고객 행동 데이터 분석도 진행한다. 파트너사는 CCC와 함께 데이터 분석에 기반한 매장을 만들고 상품을 개발함으로써 수익성을 높일 수 있다.

이렇듯 CD와 DVD 대여가 중심이었던 츠타야는 비즈니스 모델을 과감히 전환하고 있다. 서점 안에 공유 오피스를 만들고, 퇴근 후 직장인들이 삶을 재충전할 수 있도록 건강 관련 서비스를 병설한다. 다른 브랜드와 협업해 책뿐만 아니라 생활 전반에 필요한 제품과 경험을 제공한다. 이러한 흐름의 저변에는 CCC의 '지역 밀착형 매장' 전략이 있다. 즉, 지역별 특성에 맞추어 서점 안에 전혀 다른 업종을 들이거나, 주민이 참여하는 이벤트를 여는 등 지역 주민의 라이프스타일에 맞는 서비스를 제공하는 것이다.

'책이 있는 라이프스타일'을 제안하며 큐레이션 역량을 무기로 성장한 츠타야 서점이 이제 '책'에 집착하지 않는다. 대신 자신들이 가진 오프라인 공간 자체를 판매한다. 책이 아닌 다른 서비스와 콘텐츠로 공간을 채우며 지역 주민의 일상에 자연스럽게 스며드는 것을 목표로 한다. 이제 츠타야는 서점 사업이라기보다 '공간 사업'이라고 불러도 무방할 것이다.

인구가 감소하는 사회에서는 단순한 소매업만으로는 성장하기 어렵다. 앞서 살펴본 츠타야 서점의 시부야 점포, 무인양품의 가시하라 점포, 그리고 지금 살펴본 츠타야 서점의 공통점은 물건이 아닌 '공간의 가치'를 파는 모델로 변신하고 있다는 것이다. 물건이 넘치는 시대에는 오히려 '사람들이 모이는 장소'의 가치가 높아진다. 이에 최근 다양한 업계에서 자사의 점포를 물건을 파는 공간에서 사람들이 머물고 싶어 하는 경험의 장(場)으로 바꾸고 있다.

누구나 서점 주인이 되다, 공유형 서점

서점은 그 자체로 지역 문화의 기반이자, 사람과 사람을 연결하는 느슨한 커뮤니티로 역할해왔다. 책을 매개로 취향이 오가는 공간, 작가와 독자가 물리적으로 연결되는 접점, 아이가 처음으로 지적인 탐험을 경험하는 장소가 바로 서점이었다. 따라서 서점의 소멸은 단순한 상업 공간의 축소를 넘어 지역사회의 공공성과 문화 공간의 손실을 의미한다.

하지만 서점의 위기는 단기간에 해결될 수 있는 쉬운 문제가 아니다. 일본의 출판 산업은 1996년을 정점으로 지속적으로 하강 곡선을 그려왔다. 당시 2조 6천억 엔(26조 원) 규모였던 종이책 시장은 2022년에는 절반 이하인 1조 1천억 엔(11조 원)으로 쪼그라들었다. 주요 유통 도매사들조차 적자를 감수하며 간신히 버티는 실정이다. 인구 감소와 독서율 하락, 전자책의 확산은 서점 업계를 더욱 힘들게 한다.

이러한 상황에서 일본 서점은 실험적인 모델을 통해 생존의 돌파구를 모색하고 있다. 그 대표적인 모델이 바로 '공유형 서점'이다. 공유형 서점이란 매달 일정액을 내고 서점 안의 책장 한 칸을 임대해 개인이 자신만의 작은 서점을 운영하는 형태를 말한다. 책장을 빌린 사람은 자신이 좋아하는 책을 진열하고, 서점을 찾은 고객이 그 책에 관심을 가지면 구입할 수 있다.

책장을 운영하는 이들은 보통 큰 수익을 기대하기보다 '나만의 서점'을 갖고 직접 고른 책을 선보이는 행위 자체를 즐긴다. 이는 자기표현이자 취향을 드러내는 방식이며, 책을 고르는 안목을 다른 사람과 나누는 수단이 되기도 한다. 서점 입장에서는 이러한 책장 임대가 새로운 수익원이 되고 있다. 최근 일본 각지에서 조금씩 늘고 있는 공유형 서점의 사례를 자세히 살펴보자.

2024년 4월 27일, 일본의 고서점이 몰려 있는 진보초(神保町) 일대가 북적였다. 일본의 나오키상을 수상한 유명 작가 이마무라 쇼고(今村翔吾) 씨가 직접 운영하는 공유형 서점 '혼마루(ほんまる)'가 오픈했기 때문이다. 일본을 대표하는 크리에이티브 디렉터인 사토 카시와(佐藤可士和) 씨가 디자인에 참여한 혼마루에는 총 364개의 서가가 설치되어 있고, 선반 하나당 월 3천~7천 엔(3만~7만 원) 사이의 임대료로 빌릴 수 있다.

선반을 빌리는 사람은 개인이든 기업이든 상관없으며, 자신이

공유형 서점 혼마루
출처: 혼마루 홈페이지(www.honmaru.me)

좋아하는 책을 올려둘 수 있고 신간도 판매가 가능하다. 일본에서는 원래 개인이 신간을 유통하는 것이 법적으로 제한되지만, 혼마루가 출판 중개를 대행함으로써 이런 제약도 해소했다. 중고 책은 물론이고, 자신이 만든 독립 출판물이나 소량 인쇄물도 선반에 진열할 수 있다. 고객이 책을 구매하면 운영자에게 '지금 이 책이 팔렸습니다'라는 알림이 실시간으로 전송되며, 유해 도서 여부를 확인하는 기본적인 콘텐츠 검열 기능도 마련되어 있다.

혼마루의 핵심은 수익 창출보다 서점을 자신만의 미디어 플랫폼으로 활용하려는 이들이 누구나 쉽게 서점을 열 수 있도록 돕는다는 점이다. 실제로 IT 기업, 디자인 회사, 지방자치단체, 철도 회사 등 다양한 주체가 자신만의 선반을 운영하고 있다. 기업은 이를 CSR(Corporate Social Responsibility, 사회적 책임) 활동의 일환으로 활용하거나, 특정 책과 콘텐츠의 마케팅·브랜딩 수단으로 삼는다. 예를 들어 한 대하드라마의 촬영지로 주목받은 지자체가 관련 도서를 모아 지역 홍보를 위해 선반을 임대한 사례도 있었다.

혼마루는 단순히 공간을 빌려주는 데 그치지 않고, 공간의 가치를 높여 다른 공유형 서점과 차별화를 꾀한다. 점포와 선반, 로고까지 직접 디자인해주기 때문에, 선반을 임대한 사람의 정체성을 드러내고 개인 혹은 기업의 브랜딩 효과를 극대화할 수 있다.

이마무라 씨는 혼마루가 서점 산업의 구조적인 문제를 세 가지 측면에서 해결할 수 있다고 본다. 첫째, 자금이나 운영 노하우가 부족해 서점 창업을 망설이는 개인에게 '작은 창업'의 기회를 제공한다. 실제로 서점을 열고 싶어 하는 젊은이가 많지만, 무턱대고 시작했다가 실패하는 사례도 적지 않다. 그러나 자기만의 서가를 갖고 싶다는 욕구는 여전히 존재하며, 혼마루는 이 욕구를 현실로 만들어준다.

둘째, 책은 있지만 서가가 없어 유통에 어려움을 겪는 지방 출판사에 새로운 전시 및 판매 공간을 제공한다. 현재 약 3천 개의 출판사 중, 자사 도서를 안정적으로 서점에 진열할 수 있는 곳은 100곳 남짓에 불과하다. 아무리 매력적인 책을 만들어도 진열 공간이 없으면 독자와 만날 기회가 줄어든다. 대형 출판사 또한 특정 도서를 집중적으로 노출시키고 싶을 때 공유형 서점의 진열대는 유용한 선택지가 될 수 있다.

셋째, 서점과 직접 관련이 없는 기업도 책을 통해 자신을 알리고 싶어 하는 경우가 있다. 기업이 무료로 발행한 잡지를 공유형 서점에 진열하는 사례가 대표적이다.

서점 창업을 고려할 때 망설이게 되는 이유는 임대료와 인건비라는 고정비를 매달 커버할 수 있을 것인가라는 점인데, 이 부분을 공유형 서점의 임대료로 커버 가능하다는 사실에 자신감을 얻고 독립 서점을 개업하고자 하는 이들도 실제로 나타나고 있다. 이마무라 씨는 그런 이들을 위해 세미나를 열고, 운영 노하우를 공유하며, 융자 연결도 도와주는 구조를 준비 중이다.

시즈오카현 야이즈시에 위치한 '모두의 도서관 산카쿠(みんなの図書館さんかく)'는 공유형 서점과 유사한 '한 상자 책꽂이 오너(一箱

시즈오카현에 위치한 공유형 서점인 '모두의 도서관'
출처: 공식 홈페이지(www.sancacu.com)

本棚オーナー)'라는 제도를 운영하고 있다. 개인이나 단체가 월 2만 원을 내고 도서관 내 책장 일부를 임대해, 자신이 고른 책을 진열할 수 있도록 한 방식이다. 이는 도서 큐레이션에 그치지 않고, 이용자와의 새로운 만남을 만들어내는 창구가 된다. 책장 주인은 자신의 관심사, 전문 분야, 혹은 전하고 싶은 메시지를 책으로 표현할 수 있으며, 방문자들은 이를 통해 다양한 시각과 가치를 자연스럽게 접한다. 책장은 비즈니스 홍보, 사회 활동이나 시민 모임 알림, 또는 단순한 친목·교류 수단 등 다목적으로 활용된다.

'산카쿠'라는 이름은 일본어 '삼각형(三角)'과 같은 발음이지만, 실제로는 '참여(参加, さんか)'에서 유래했다. 이는 도서관이 누군가 일방적으로 서비스를 제공하고 누군가는 소비하는 구조가 아니라, 모두가 주인공으로 참여하는 공간이라는 뜻을 담고 있다. 실제로 책을 빌리기 위해 방문하는 사람들만이 아니라 책을 기증하거나 책장을 운영하고, 행사나 워크숍을 기획하는 등 주민들의 자발적 참여가 일상화되어 있다. 이렇게 산카쿠는 운영 주체와 이용자의 경계를 허물고, 공간을 공유하는 이들 모두가 도서관의 구성원이자 운영자가 되는 공동체다.

도서관 이용 방식도 간단하고 개방적이다. 최초 등록비 3천 원만 내면 대출 카드를 만들 수 있으며, 이후부터는 무료로 책을 빌릴 수 있다. 1인당 최대 5권까지, 대출 기간은 약 한 달이다. 이곳의 장서는 대부분 시민의 기증으로 구성되어 있으며, 이는 도서관의 정체성과도 맞닿아 있다.

산카쿠는 도시 재생과도 밀접한 관계를 맺고 있다. 도서관은 한때 번성했지만 지금은 활기를 잃어가던 야이즈역 앞 상가 한가운데 위치한다. 산카쿠가 들어선 이후 사람들의 발길이 다시 늘었고, 커뮤니티 거점으로서 기능이 강화됐다. 더 나아가 산카쿠는 '챌린지 숍'이라는 이름으로 소규모 창업을 준비하는 이들에게 공간을 제공한다. 실제로 커피 스탠드, 아시아 차 전문점 등이 임시로 문을 열어 운영되었으며, 창업을 꿈꾸는 이들에게 예행 연습의 기회를 제공한다.

공유형 서점 모델은 지금 일본 전역으로 확산되고 있다. 특히 '한 상자 책꽂이 오너 제도'는 다른 지역에서도 적극 도입되고 있으며, 각 지역의 특성을 반영한 새로운 형태의 커뮤니티 도서관으로 진화하고 있다.

지방의 공유형 서점은 사람들이 책을 통해 어떻게 연결되고, 공간을 통해 어떻게 지역과 상호작용할 수 있는지를 보여주는 살아 있는 사례로서 주목받고 있다. 이곳은 단순히 책을 대출하는 공간을 넘어 '마을이 키우고, 마을을 키운다'는 철학 아래, 지역 주민이 자발적으로 운영에 참여하는 새로운 형태의 커뮤니티 거점으로 자리매김하고 있다.

입장료 2만 원을 받는 서점에
젊은이들이 몰리는 이유

음악이 흐르는 세련된 공간에서 책을 읽고, 커피를 무제한으로 즐길 수 있는 서점. 단순히 책을 판매하는 곳을 넘어, 입장료를 지불하고 특별한 경험을 만나는 '지식 엔터테인먼트' 시설로 진화하고 있는 도쿄 롯폰기의 분키츠(文喫)가 젊은이들에게 인기를 얻고 있다.

분키츠는 서적 중개업체인 일본출판판매(日本出版販売)의 자회사 히라쿠(ひらく)가 운영하는, 입장료를 내고 들어가는 서점이다. 평일 1,650엔(1만 6천 원), 주말 및 공휴일 1,980엔(2만 원)의 입장료를 지불하면 오전 9시부터 오후 8시까지 매장 내 모든 책을 자유롭게 열람할 수 있으며, 커피와 차는 무제한으로 제공된다. 유료로 식사도 가능해 방문객들은 마치 북카페처럼 편안하게 머무를 수 있다.

분키츠에는 만화책이 많은 것도 아닌데 고객층은 20~30대가 주를 이룬다. 온라인에서 책을 주문하면 다음 날 바로 받아볼 수 있는 시대에 이들이 굳이 입장료를 내고 서점을 찾는 이유는 무엇일까?

분키츠의 매력은 독특한 책 진열 방식에서 시작된다. 일반 대형 서점처럼 출판사별로 정갈하게 책을 분류하거나 베스트셀러 순위로 진열대를 채우는 것이 아니다. 서점 직원이 엄선한 '마니아적인' 책 큐레이션이 방문객들의 호기심을 자극한다. 고객들은 "특이하네"라는 반응과 함께 책을 탐색하며, "음악이 잔잔하게 흘러나와 조

입장료를 내는 서점 분키츠
출처: 분키츠 홈페이지(roppongi.bunkitsu.jp/store)

용히 책과 마주할 수 있고, 책을 보고, 손에 들고, 뇌에 자극을 받을 수 있는 점이 매력적"이라며 일부러 돈을 내고 분키츠를 방문하는 이유를 설명한다.

온라인에서 클릭 한 번으로 책을 구입할 수 있는 시대이지만 디지털 알고리즘의 추천으로는 만날 수 없는 책과의 만남에 사람들은 의미와 가치를 느낀다. 디지털 환경에서는 얻기 힘든 아날로그적인 경험과 발견의 즐거움이 젊은 세대에게도 여전히 중요한 가치임을 시사한다. 실제로 20대의 한 여성 고객은 "서점이라기보다는 세련된 만화카페 같은 느낌"이라며, 시간 제약 없이 반나절을 느긋하게 보낼 수 있어 "도리어 가성비가 좋다"는 의견을 내기도 했다.

분키츠는 책과의 '만남'을 연출하는 또 다른 장치로 개인 맞춤형 책 선정 서비스를 유료로 제공한다. 책이 팔리지 않는 시대에 책을 골라주는 서비스에 돈을 내는 사람이 있을까 싶지만 의외로 서비스의 인기가 높다. 방문객은 자신의 예산, 희망 장르, 주제, 독서 목적뿐만 아니라 나이, 직업, 최근 인상 깊었던 책과 영화, 소중히 여기는 것, 즐거웠던 순간 등 개인적인 정보를 상세히 적는다. 분키츠의 점장은 한 시간가량 시트를 분석해 키워드를 추출하고 고객의 취향과 선호도에 맞춰 책을 엄선한다고 말한다.

이 서비스는 개업 초기에는 무료였으나 원하는 사람들이 많아지자 2019년 말부터 유료화(입장료 포함 5,500엔부터)되었다. 결코 저렴하지 않은 가격임에도 불구하고 예약이 빠르게 마감되며 재방문율도 30~40%에 달한다. 고객들은 인생관이나 고민까지 적기도

하며, 이로 인해 형성되는 깊은 신뢰 관계 덕에 책을 추천해준 직원의 팬이 되기도 한다.

이 외에도 분키츠는 다양한 매장 내 이벤트를 통해 고객 참여를 유도하고 있다. 주 2회 정도 개최되는 유료 행사는 저자가 직접 참여하는 강연을 진행해 분키츠의 또 다른 매출원이 되고 있다.

흥미로운 점은 분키츠를 방문한 고객들의 책 구매율이 높다는 점이다. 롯폰기점의 경우 내점객의 40%가 책을 구매하며, 구매 단가는 일반 서점의 약 세 배에 달하는 3천 엔(3만 원) 이상이다. 분키츠는 입장료를 지불하는 것이 도리어 책 구매 전환율을 높이고 있다고 본다. "모처럼 왔으니 책을 사야겠다"는 심리가 작용하는 것으로 분석한다. 이는 서점이 경험을 제공하고 그 경험이 구매로 이어지는 선순환 구조를 만들어낼 수 있음을 보여주고 있다.

디지털 시대에 아날로그 공간이 지닌 가치를 극대화하고 책이라는 매개체를 통해 지식과 경험을 큐레이션하고 판매하는 분키츠를 방문해보면, 앞으로 서점의 역할이 무엇이어야 할 것인가를 고민하게 된다.

최애의 목소리를 만나는 서점

'오시카츠(推し活)'와 공간은 생각보다 긴밀한 관계를 맺고 있다.

어떤 장소가 단지 물리적 공간을 넘어선 '경험의 무대'가 될 수 있다면, 그 공간은 팬들에게 특별한 의미를 지니게 된다. 평범한 시내의 서점이라도 '최애'와의 추억이 더해지면 더 이상 평범하지 않다. 일본출판판매(日本出版販売, 닛판)와 MR 콘텐츠 개발사 가타리(GATARI)가 함께 기획한 '보이스 프렌드(Voice Friend)'는 바로 이 감정적 연결 지점을 겨냥한 프로젝트다.

팬들이 좋아하는 성우나 배우의 목소리를 들으며 매장을 돌아다니는 몰입형 체험을 통해, 기존에는 없던 방식으로 서점이라는 공간의 가치를 높인다. 입장료를 받는 서점 '분키츠(文喫) 롯폰기'에서 2023년부터 2024년까지 총 3회에 걸쳐 진행된 이벤트는 오시카츠와 기술이 융합해 서점의 집객력을 높인 사례. 오시카츠를 하는 이들의 감정을 이해하고, 이를 테크놀로지와 공간 디자인, 콘텐츠로 연결해낸 이 기획은 단순한 프로모션을 넘어서 서점이라는

팬들이 좋아하는 성우나 배우의 목소리를 들으며 매장을 돌아다니는 몰입형 체험
출처: 닛판 홈페이지(www.nippan.co.jp/news/voicefriend_20231115)

공간이 어떻게 진화할 수 있는지 보여주는 좋은 사례다.

보이스 프렌드는 이어폰을 통해 최애의 목소리를 들으며 매장을 둘러보는 방식이다. 체험자는 약 20~30분 동안 서점 내 동선을 따라 움직이며, 각 지점에서 자연스럽게 재생되는 스토리를 따라가게 된다.

이 경험은 가타리의 MR 플랫폼인 'Auris(오리스)'를 통해 구현되었다. 체험자는 스마트폰을 목에 걸고 이어폰을 착용하기만 하면 된다. 사전에 매장 전체를 3D 맵으로 가상화하고, 스마트폰 카메라가 현재 위치를 스캔해 실제 공간과 가상공간을 정렬시킨다. 이후에는 사용자의 움직임을 스마트폰 센서가 추적하고, 특정 위치에 도달하면 설정된 음성이 자동으로 재생되는 방식이다. 특별한 장비 설치 없이, 매장 그대로의 환경에서 자연스럽게 구현되는 점이 인상적이다.

팬들이 좋아하는 성우나 배우의 목소리를 들으며 매장을 돌아다니는 몰입형 체험
출처: 혼노 히키다시 홈페이지(hon-hikidashi.jp/bookstore/22677)

보이스 프렌드 이벤트는 총 3회에 걸쳐 진행되었고, 약 3천 명이 체험했다. 각 회차는 모두 '최애와의 데이트'라는 콘셉트를 중심에 두었지만, 스토리와 연출 방식은 차별화됐다. 특히 3차 이벤트는 서적이 사라진 미래를 배경으로, 유명 배우의 목소리를 통해 진행되는 SF 스토리였다. 팬들은 책장 사이를 걷고, 구석진 코너에 들어설 때마다 이야기가 이어지는 경험을 하며, 자신이 이야기 속 한 장면에 들어가 있는 듯 몰입했다. 체험자가 동선상 특정 지점에 도달하면 음성이 마치 개인에게 속삭이듯 흘러나오는 설계는 '최애가 나만을 위한 이야기를 들려준다'는 착각을 유도하며 감정적 몰입을 극대화했다.

닛판은 "책과 사람 사이에 새로운 접점을 만들고 싶었다"라고 설명한다. 최근 서점 수는 점점 줄어들고 있고, 그만큼 소비자가 책을 체험할 수 있는 기회도 줄어들고 있다. 그런 상황에서 오히려 음성 콘텐츠를 통해 서점의 경험을 다시 재구성하려는 시도는 신선했다. 음성이라는 매체는 원래부터 청각적 친밀감을 자극하고, 감정적 거리감을 좁히는 힘이 있다. 이를 공간과 결합하면 단순한 정보 전달을 넘어 감정적 체험으로 연결된다. 체험에 참여한 성우나 배우는 모두 책과의 친화성이 높은 인물들로 캐스팅되었고, 이는 팬들의 자연스러운 몰입을 유도했다. 어떤 출연자는 독서가로 잘 알려져 있었고, 어떤 이는 실제로 책을 집필한 경험이 있었다.

보이스 프렌드는 단순한 체험에 그치지 않고 굿즈와 연계된 마케팅 전략도 함께 설계되었다. 예를 들어 3차 이벤트에서는 참가자

서점 내 몰입형 체험 관련 굿즈
출처: 혼노 히키다시 홈페이지(hon-hikidashi.jp/bookstore/22677)

에게 오리지널 디자인의 종이 티켓이 제공되었고, 해당 티켓을 보관할 수 있는 티켓 홀더도 판매되었다.

이벤트 당시에는 서점 내 무료 구역에 스토리와 관련된 책이나 출연 배우가 추천한 도서 코너도 마련되었고, 책을 구매하면 랜덤으로 책갈피 3종 중 하나를 받을 수 있었다. 이 책갈피는 체험 중 등장한 대사로 디자인되어 소장 욕구를 자극했다. 이벤트 기간 중 판매된 책은 약 1,700권에 달했다.

분키츠의 유료 존에 마련된 찻집에서는 콜라보 메뉴도 함께 운영되었다. 체험 직후의 여운을 이어갈 수 있도록 설계된 공간은 배우의 사인을 디자인한 오리지널 코스터를 증정하며 팬들의 만족도를 높였으며, 약 1,100명의 방문자가 찻집을 이용했다.

흥미로운 점은 이벤트 기간 동안 매장 내부에 팝업 장식이나 특별한 디스플레이를 전혀 설치하지 않았다는 것이다. 닛판은 공간 자체를 과하게 연출하지 않고, 오히려 그대로 두는 쪽을 선택했다. 이는 이벤트가 끝난 이후에도 팬들이 장소를 다시 찾아올 수 있도록, 공간에 대한 '추억의 온도'를 유지하기 위한 전략이라고 전한다. 실제로 보이스 프렌드를 계기로 분키즈에 처음 방문한 사람의 비율은 약 89%에 달했고, 이들은 이벤트에 참여하는 것에 그치지 않고 책을 사거나 커피숍을 이용하며 공간 전반을 체험했다. 오랜만에 서점을 찾은 사람도 있었고, 원래 책을 좋아하던 사람에게는 새로운 방식의 독서를 체험하는 계기가 되었다.

보이스 프렌드는 팬덤 심리를 세심하게 반영하면서도, 억지스럽지 않게 소비를 유도했다. "팬이라도 억지로 뭔가 사게 되는 느낌은 불쾌하다. 그래서 책, 공간, 굿즈가 자연스럽게 연결되도록 구성했다"라는 제작진의 말은 이 프로젝트의 핵심을 정확히 짚는다. 닛판은 경험이란 팬이 '사고 싶다'고 느끼게 만들기 위한 것이지 '사야 한다'고 느끼게 만들면 안 된다고 전한다.

오시카츠라는 트렌드를 기술과 공간, 콘텐츠, 감정의 접점으로 연결한 보이스 프렌드는 단순한 협업 마케팅을 넘어서는 캠페인이었다. 책을 좋아하는 사람이 공간 자체의 팬이 되도록 설계된 이 프로젝트는 앞으로의 리테일, 공간 브랜딩, 팬덤 비즈니스에 있어 주목할 만한 사례. 최애와 함께했던 시간을 기억하러 다시 서점에

가는 사람들이 늘어나면 서점의 존재감이 높아질 것이다.

책이 아닌
'책이 있는 공간'을 유통하다

서점이 점차 사라지고 있는 일본에서는 책과 사람의 만남을 다시 연결하려는 다양한 실험이 이어지고 있다. 그중에서도 일본 출판판매주식회사(日本出版販売株式会社, 닛판)와 편의점 체인 로손(LAWSON)이 손잡고 만든 '마치노 혼야상(マチの本屋さん)'은 서점 업계와 지역사회 모두에서 주목받고 있다.

마치노 혼야상은 일반적인 편의점이 아니다. 2021년 6월, 사이타마현 사야마시에 첫 매장을 오픈한 이후, 전국으로 점차 확대되고 있는 이 매장은 서점을 병설한 복합 매장이다. 여기에서는 편의점 상품(도시락, 음료, 생활용품 등)과 함께 약 4천~9천 권에 달하는 책을 진열하고 판매한다. 잡지, 문고본, 그림책, 만화, 비즈니스 서적 등 장르도 다양해 평소 서점에 잘 가지 않는 사람들도 편의점을 통해 자연스럽게 책과 마주하게 된다.

이 프로젝트는 일본 서점 환경의 악화에 대응하기 위해 탄생했다. 1990년대만 해도 2만 곳이 넘던 일본 내 서점은 2024년 기준 1만여 곳 이하로 줄었으며, 전국 지자체의 약 28%에는 서점이 단 한 곳도 남아 있지 않다. 서점이 사라진 지역의 증가는 단순히 출판 산업의 위기에 그치지 않고, 지역 문화 인프라의 붕괴로 이어질 수 있다는 위기감이 닛판을 움직이게 했다. 이에 닛판은 전국 어디서나 접근할 수 있는 편의점이라는 채널에 주목했고, 로손과의 협업을 통해 '마치노 혼야상' 프로젝트를 시작했다.

운영 성과도 주목할 만하다. 마치노 혼야상의 서적과 잡지 매출은 일반 로손 점포의 20배에 달한다. 특히 그림책과 문고본의 매출 증가가 눈에 띄는데, 이는 가족 고객과 고령층 고객이 많은 편의점의 특성 때문이다. 서점을 병설한 점포는 단지 매출이 느는 것에 그치지 않고, 고객들의 편의점 방문 동기를 강화할 뿐 아니라 매장 내 체류 시간도 늘리는 효과를 낳았다. 편의점은 일반 서점과 동일한 수준의 재고를 확보하는 것도 가능하며, 고객으로부터 개별 주문도 받을 수 있다. 편의점이라는 일상적인 공간 안에 책을 구비하자 소비자와의 접점이 확대된다.

로손 마치노 혼야상은 지역 문화와 사람을 연결하는 역할을 한다. 최근에는 지자체와 연계해 출점하는 사례도 늘어나면서 지역 커뮤니티의 문화 거점으로서의 가능성이 주목받고 있다.

예를 들어 도야마현 다테야마정에 문을 연 '로손 다테야마정점'은 지자체와 협력해 개점한 매장으로, 지역 주민과 관광객 모두를 위한 '열린 서점'으로 운영되고 있다. 이곳은 책을 판매하는 데 그치지 않고, 주민들의 교류를 위한 커뮤니티 스페이스를 마련해 만남과 소통의 장을 제공한다. 앞으로 다테야마정과의 연계를 통해 지역 정보를 발신하고 다양한 이벤트를 개최할 계획으로, 지역사회

일본의 편의점인 로손 내 들어선 서점
출처: 로손 홈페이지(www.lawson.co.jp/company/news/detail/1485520_2504.html)

가 활력을 찾는 데 기여할 것으로 기대된다. 또한 아동 도서를 풍부하게 갖추어 어린이들이 책과 친숙해질 기회를 제공함으로써, 미래 세대의 독서 습관 형성에도 힘을 보태고 있다.

닛판이 기획한 또 다른 공간 '고토부키노유'는 온천과 서점이 결합된 독특한 사례다. 효고현 산다시에 위치한 이 시설은 겉보기에는 평범한 온천처럼 보이지만, 실제로는 책과 함께하는 휴식을 제공하는 복합 공간이다. 1층은 일반적인 온천 시설로 구성되어 있고, 2층에는 암반욕과 약 1만 권의 서적을 갖춘 독서 공간이 마련되어 있다. 이용객은 온천욕을 즐긴 뒤 암반욕으로 몸을 덥히며 책을 읽는, 말 그대로 몸과 마음을 동시에 쉬게 하는 경험을 할 수 있다. 마음에 드는 책은 현장에서 바로 구매도 가능하다.

서점과 온천이 결합된 '고토부키노유'
출처: 고토부키노유 홈페이지(kotobuki-yu.com)

이 공간의 가장 큰 특징은 '책을 읽을 수 있는 온천'이라는 콘셉트다. 책과 함께 시간을 보내고 휴식할 수 있는 독서 친화적 환경을 제공하고 있다. '오코모리 방'이라 불리는 개별 독서 공간도 마련되어 있는데, 작은 방처럼 꾸며진 이곳에서 이용객은 혼자 조용히 책을 읽거나 잠시 눈을 붙일 수 있다. 도서관이나 카페와는 다른 분위기 속에서 방해받지 않고 자신만의 시간을 가질 수 있다는 점이 바쁜 현대인들에게 큰 만족감을 준다.

책을 판매하는 것보다 '책을 읽는 공간 만들기'에 초점을 두고 있어 하루에 책이 한 권도 팔리지 않는 날도 있지만, 운영은 전체적으로 흑자를 기록하고 있다. 책을 구매하기 위해서가 아니라 '책과 함께 머무는 경험'을 위해 방문하는 고객이 꾸준히 늘고 있기 때문이다. 공간 자체가 충분한 가치를 창출하고 있으며, 이 가치가 곧 수익으로 이어지고 있는 셈이다.

고토부키노유는 서점 수 감소와 독서 인구 축소라는 현실에 대응하기 위해 도서 도매업체가 직접 운영하는 실험적인 프로젝트다. 책을 단독 상품으로 판매하는 대신, 온천이라는 여유로운 환경과 결합해 '책이 있는 일상'을 회복하려는 시도다. 이곳에서는 책을 읽다 잠이 들어도 괜찮고, 그런 느긋함이 오히려 공간의 매력을 강화한다. 온천과 책의 만남이 만들어내는 특별한 체험은, 책의 새로운 가능성을 보여주는 사례라 할 수 있다.

비즈니스 모델을 팝니다

디지털 트랜스포메이션과 장기적인 저금리 기조 속에서 일본 은행 업계는 수익성 악화와 성장 정체라는 이중의 벽에 직면하고 있다. 그뿐만 아니라 고령화와 인구 감소, 지방 지점 축소 같은 구조적 요인으로 인해 기존 리테일 금융만으로는 새로운 수익 창출이 어려운 상황이다. 여기에 온라인 전문 은행과 핀테크 기업이 부상하면서 경쟁은 한층 치열해졌다. 전통 은행들이 기존 방식만으로는 생존을 보장받기 힘들어졌으며, 이들은 비즈니스 모델의 전환이라는 새로운 과제에 직면하고 있다.

이러한 배경 속에서 주목받는 해법이 바로 BaaS다. 은행이 직접 소비자를 상대하지 않고, 고객 기반을 가진 비(非)금융 기업에 금융 기능을 제공하는 방식이다. 이를 통해 은행은 새로운 접점을 확보하고, 플랫폼 기반의 수익을 창출할 수 있다. 특히 고객 충성도가 높은 브랜드와의 협업은 기존 은행 서비스가 닿지 못했던 영역으로 사용자 경험을 확장할 수 있다는 점에서 큰 강점으로 부각되고 있다.

브랜드가 은행이 되는 시대

"은행을 좋아하는 사람은 많지 않습니다. 하지만 브랜드는 사랑받습니다."

이 한 문장은 지금 일본에서 빠르게 확산 중인 새로운 금융 모델, BaaS를 가장 잘 설명하고 있다. BaaS는 'Banking as a Service'의 약자로, 기존 금융기관이 제공하던 은행의 기능 및 서비스를 모듈화해 다양한 기업이 자사 서비스에 손쉽게 접목할 수 있도록 하는 구조를 말한다. 간단히 '서비스형 뱅킹'이라 할 수 있다.

전통적인 은행이 아닌 항공사나 소매업, 철도 회사, 보험사, 심지어 프로야구 구단까지 자신들의 브랜드를 앞세워 은행 서비스를 제공하고 있다. 이처럼 브랜드가 은행이 될 수 있는 배경에는 바로

JAL NEOBANK
출처: (www.jal.co.jp/jp/ja/jmb/jalneobank)

'네오뱅크(NEOBANK)'라는 플랫폼이 존재한다. 이 플랫폼을 운영하는 '스미신 SBI 인터넷은행'은 각 기업의 고객 접점에 금융 기능을 탑재시킨다. 즉, 은행 비즈니스 모델을 판매함으로써 브랜드가 제공하는 경험 속에 금융이 자연스럽게 스며들도록 하는 것이다.

대표적인 성공 사례는 일본항공(JAL)이다. 일본항공은 네오뱅크 플랫폼을 가장 먼저 도입한 기업으로, 'JAL NEOBANK'를 출범시켰다. 이는 항공 마일리지 프로그램과 금융 서비스를 결합한 모델이다. 비행기를 탈 때만 마일리지를 쌓는 것이 아니라 예금, 대출 같은 일상적인 금융 활동을 통해서도 마일리지를 적립할 수 있도록 설계되었다. 예를 들어 고객이 JAL 네오뱅크 계좌에 돈을 넣거나 주택 대출을 이용하면 해당 거래에 따라 마일리지가 쌓인다. 이렇게 모은 마일리지는 항공권 구매뿐 아니라 스마트폰 결제 서비스인 'JAL Pay'라는 스마트폰 결제 서비스에서 현금처럼 사용할 수 있다.

즉, 고객이 비행기를 타지 않더라도 '은행을 이용하는 일상'이 일본항공과 연결되는 경험이 된다. 원래는 '비행기 탈 때만 생각나는' 브랜드였던 JAL이 이제는 예금하고 결제하는 순간마다 자연스럽게 떠오르는 브랜드로 자리 잡은 것이다. 결과적으로 일본항공은 항공 이외의 영역으로 브랜드 가치를 확장하는 동시에, 고객은 '좋아하는 항공사와 매일 연결되는 경험'을 누리게 된다.

일본항공의 성공은 다양한 업종의 기업들이 BaaS라는 서비스에 주목하게 만들었다. 그중 하나가 백화점 체인 다카시마야(髙島屋)다. 다카시마야 백화점은 오랜 기간 운영해온 적립 서비스 '친구의 모임(友の会)'을 디지털 방식으로 재구성했다. 예전에는 종이 통장을 사용하며 매장에서만 가입할 수 있었던 서비스를 스마트폰 앱을 통해 간편하게 가입하고 저축할 수 있는 형태로 바꾸었고, 새로운 이름인 '스고쓰미(スゴ積み)'로 출시했다.

이 앱의 방식은 간단하다. 예컨대 매달 1만 엔씩 저축하면 1년 후에는 보너스가 붙어 더 큰 금액으로 백화점 쇼핑을 즐길 수 있다. 12만 엔을 모으면 13만 엔이 되는 구조다. 기존 고객에게는 친숙한 '친구의 모임'의 혜택을 이어가면서도, 디지털에 익숙한 젊은 세대에게는 새로운 소비 방식으로 다가간 것이다.

겉으로 보기엔 다카시마야 자체 앱 같지만, 실제 금융 기능은 스미신 SBI 인터넷은행의 네오뱅크 플랫폼 위에서 작동한다. 고객이 저축한 돈은 네오뱅크 계좌에 들어가고, 1년 뒤의 보너스도 그 계좌를 통해 지급된다. 다카시마야는 브랜드와 고객 경험은 그대로 유지하면서, 복잡한 금융 시스템은 외부 플랫폼에 맡겨 디지털 전환을 부드럽게 실현한 셈이다.

그 효과는 분명했다. 전통적으로 주 고객층이던 중장년 여성뿐 아니라 젊은 세대와 남성 고객의 유입이 늘었고, 고객 1인당 구매 금액도 증가했다. 즉, 리워드 프로그램의 진화를 넘어, 백화점 본업의 매출 개선까지 이끌어낸 전략적 성과가 된 것이다.

BaaS 서비스는 이제 스포츠 구단에까지 확산되고 있다. 프로야구 구단 홋카이도 닛폰햄 파이터즈는 새 홈구장 '에스콘 필드 홋카이도(ES CON FIELD HOKKAIDO)'를 개장하면서, 경기장 전체를 현금 없이 운영하는 '완전 캐시리스' 공간으로 설계했다. 이곳에서는 티켓 구매부터 음식, 굿즈 결제까지 모두 스마트폰이나 카드로만 이루어지며, 그 중심에는 구단이 자체적으로 제공하는 F 네오뱅크(NEOBANK)라는 금융 서비스가 있다.

F 네오뱅크는 결제 수단 이상의 의미를 가진다. 팬이 전용 계좌를 개설해 등록하면, 경기장에서의 결제는 계좌에서 직접 이루어진다. 여기에 더해 팬 전용 혜택이 제공된다. 예를 들어 경기 티켓 추첨 이벤트에 참여할 수 있거나, 파이터즈가 경기에서 승리할 때마다 보너스 캐시백을 받을 수 있다. 즉, F 네오뱅크는 '응원하는 팀의 금융 서비스'라는 개념을 구현해, 팬이 단순히 경기를 관람하는 차원을 넘어 일상에서도 팀과 연결되어 있다는 경험을 제공하는 것

F 네오뱅크
출처: 네오뱅크 홈페이지
(www.netbk.co.jp/contents/lineup/neobank/fighters)

이다. 이러한 금융 인프라 역시 스미신 SBI 인터넷은행의 네오뱅크 플랫폼 위에 구축되어, 구단은 직접 은행을 운영하지 않고도 맞춤형 금융 서비스를 팬들에게 제공할 수 있었다. 그 결과, F 네오뱅크는 응원과 소비를 자연스럽게 연결하는 새로운 브랜드 기반 금융 생태계가 되었다.

이처럼 다양한 사례는 BaaS가 계좌 개설에 그치지 않고 브랜드 강화의 핵심 도구가 되고 있음을 보여준다. 스미신 SBI 인터넷은행 BaaS 사업본부장은 "우리는 단순히 은행 기능을 외주화하는 것이 아니라, 제휴 기업의 UX 흐름 안에 금융을 녹여내는 개발력이 강점"이라고 말한다. 예컨대 JAL의 경우 마일리지 앱, 결제 앱, 네오뱅크 서비스가 각각 따로 존재하는 것이 아니라 하나의 통합된 경험으로 설계되어 있다. 결국 BaaS의 본질은 고객이 느끼는 일관된 세계관에 있다는 설명이다.

수익 구조 또한 플랫폼과 제휴 기업 모두가 윈윈할 수 있도록 짜여 있다. 기업은 계좌 개설 건당 수수료를 지불하지만, 예금·외환 거래에서 발생하는 수익 일부를 돌려받는다. 더 나아가 서비스는 초기 전략 단계부터 공동 설계되기 때문에, 단순히 금융 기능을 추가하는 것을 넘어 브랜드 전체의 고객 전략과 긴밀히 연결되는 특징을 갖는다.

2024년 12월 기준, 네오뱅크 플랫폼을 사용하는 기업은 21곳, 계좌 수는 약 200만 개에 달한다. 스미신 SBI 인터넷은행의 전체 신규 계좌의 약 70%가 네오뱅크를 통해 개설되고 있는 사실은 BaaS 모델의 성장 가능성을 잘 보여준다. 앞으로는 소비자 중심의 BaaS에서 한 걸음 더 나아가 중소기업이나 개인사업자를 위한 법인 금융 서비스로 확장할 계획이다. 빠른 융자, 저렴한 수수료, 유연한 금융 서비스를 제공하는 새로운 기업 금융 모델이 주목받게 될 것이다.

결국 BaaS는 단순한 기술 플랫폼이 아닌, 고객 경험 설계의 도구이자 브랜드 전략의 핵심으로 자리 잡고 있다. 보이지 않지만 일상 깊숙이 스며든 '보이지 않는 은행'이 브랜드를 매개로 고객에게 가장 친숙한 금융 경험을 제공하는 시대가 된 것이다. 인구 감소와 디지털 전환이 가속화되는 일본에서 은행의 주도권은 더 이상 전통적인 은행이 아니라 고객에게 사랑받는 브랜드로 옮겨가고 있다.

서점 해볼래요?
서점 창업 지원 서비스

서점, 해보시지 않을래요?
本屋、やりませんか?

호냐루(HONYAL)라는 이름의 홈페이지에 들어가니 한 문구가 눈길을 끈다.

출판 유통업체인 토한과 인쇄 대기업 다이니혼인쇄(DNP)가 소규모 서점을 열고 싶은 개인과 기업을 위한 지원 서비스를 잇달아 선보이면서, 일본에서 '작은 서점'의 부활 움직임이 주목받고 있다. 출판문화산업진흥재단의 조사에 따르면, 2024년 기준 일본 전국 지자체의 약 반 정도는 서점이 존재하지 않거나 한 곳뿐인 것으로 나타났다. 많은 사람의 생활권에서 서점이 사라지는 상황은 단순히 출판업계의 수익 감소를 의미하는 것만이 아니다. 출판 문화의 위기이며, 장기적으로는 일본 사회 전체에 상당한 영향을 미칠 수 있는 문제다.

그러나 한편으로는 이른바 독립 서점이라고 불리는 형태의 작은 서점들이 조용히 존재감을 드러내고 있다. 규모는 작지만 서점

本屋、やりませんか?

호냐루의 서점 창업 지원 서비스
출처: 호냐루 홈페이지(honyal.jp)

주인의 개성과 큐레이션 감각이 매력으로 작용하며 SNS를 통해 책을 좋아하는 사람들 사이에서 인지도가 확산되고 있다. 토한의 조사에 따르면, 2024년 10월 일본 전국에서 341개의 독립 서점이 영업 중이다.

이러한 흐름과 맞물려 지역 커뮤니티 안에서 책을 새로운 방식으로 유통하고자 하는 시도들이 활발해지고 있다. 그 중심에 있는 것이 바로 '서점업 외 업종'이 만드는 소규모 서점이다.

출판 유통업체 토한은 신개념 도매 서비스 '호냐루(HONYAL, ホニャル)'을 시작했다. 호냐루는 미용실, 호텔, 카페, 행정 사무소 등 다양한 업종에서 '작지만 책이 있는 공간'을 만들고 싶어 하는 수요를 포착했다. 기존에는 어렵던 책의 소액 거래를 가능하게 하고, 신용보증이나 초기 재고 부담 없이 누구나 서점을 개업할 수 있도록 진입 장벽을 낮춘 서비스다. 출판업계의 전통적인 유통 시스템은 정기 간행물 위주였지만, 호냐루는 정기 간행물은 다루지 않고 주 1회만 배송하는 방식으로 배송 비용을 줄여 도매업체와 서점 모두가 지속 가능한 운영을 할 수 있도록 설계했다.

예상 월매출은 30만 엔(300만 원)에서 100만 엔(1천만 원) 정도로, 기존 서점보다는 작지만 도매업체와 거래가 어려운 소규모 신규 창업자들에게도 서점 창업의 기회를 제공하면서 서점 감소라는 일본 사회의 구조적 문제 해결에 기여하고 있다.

인쇄 대기업 DNP 또한 '책과 만날 수 있는 장소 만들기'를 통해 독서의 새로운 경험을 제공하려는 시도를 이어가고 있다. 특히 호텔이나 료칸 등 서점업이 아닌 시설 내에 책을 활용한 공간을 만들어 고객의 체류 시간을 늘리고, 서비스의 가치를 높이려는 수요가 늘고 있다.

실제로 2024년 9월 삿포로 근교의 온천마을인 조잔케이의 한 료칸에서는 온천과 독서를 함께 즐길 수 있는 '후로야(風呂屋) 서점'이 오픈했다. 이 공간은 숙박객뿐 아니라 일반인도 자유롭게 이용

조잔케이의 료칸에 만든 서점
출처: DNP 홈페이지(www.dnp.co.jp)

가능하며, 약 2,500권의 도서를 열람하거나 구입할 수 있다.

DNP는 료칸 내 서점의 공간 콘셉트 기획, 서가 설계, 도서 선정, 사입, 커뮤니케이션 기획 등 서점 운영에 필요한 전 과정을 지원한다. 또한 자회사인 마루젠유쇼도 및 마루젠&준쿠도 서점과의 협업을 통해 도서를 조달하고 있다. 이들은 기존의 서점이 가진 한계와 유통의 복잡함 등을 타개함으로써 더 많은 업종과 공간에서 서점을 운영할 수 있도록 비즈니스 모델을 단순화했다.

이러한 시도들은 출판업계의 수익을 늘리는 것 이상의 의미를 가지며, 책과 사람이 만나는 장소를 재정의하고 있다. 책을 팔기 위한 공간이기보다 책을 매개로 이야기가 오가는 곳, 책을 통해 머무르고 싶은 공간이 되는 곳. 그런 새로운 서점의 역할이 일본 전역에서 다양한 모습으로 실험되고 있다.

도쿄 트렌드 인사이트 2026

초판 1쇄 발행 2025년 10월 14일
초판 3쇄 발행 2025년 11월 7일

지은이 | 정희선
펴낸곳 | 원앤원북스
펴낸이 | 오운영
경영총괄 | 박종명
기획편집 | 최윤정 김형욱 이광민
디자인 | 윤지예 이영재
기획마케팅 | 문준영 박미애
디지털콘텐츠 | 안태정
등록번호 | 제2018-000146호(2018년 1월 23일)
주소 | 04091 서울시 마포구 토정로 222 한국출판콘텐츠센터 319호(신수동)
전화 | (02)719-7735   팩스 | (02)719-7736
이메일 | onobooks2018@naver.com   블로그 | blog.naver.com/onobooks2018

값 | 21,000원
ISBN 979-11-7043-682-9 03320

* 잘못된 책은 구입하신 곳에서 바꿔드립니다.
* 이 책은 저작권법에 따라 보호받는 저작물이므로 무단 전재와 무단 복제를 금지합니다.
* 원앤원북스는 독자 여러분의 소중한 아이디어와 원고 투고를 기다리고 있습니다.
  원고가 있으신 분은 onobooks2018@naver.com으로 간단한 기획의도와 개요, 연락처를 보내주세요.